ADOTE UM MENTOR

Reflexões e provocações sobre o que vem pela frente

GEORGE NIEMEYER

ADOTE UM MENTOR

Reflexões e provocações sobre
o que vem pela frente

figurati

SÃO PAULO, 2022

Adote um mentor

Copyright © 2022 by George Niemeyer
Copyright © 2022 by Novo Século Editora Ltda.

EDITOR: Luiz Vasconcelos
ASSISTENTE EDITORIAL: Amanda Moura
PREPARAÇÃO: Paola Sabag Caputo
REVISÃO: Edna Perrotti | Angélica Mendonça
DIAGRAMAÇÃO: Marília Garcia
CAPA: Dimitry Uziel

Texto de acordo com as normas do Novo Acordo Ortográfico da Língua Portuguesa (1990), em vigor desde 1º de janeiro de 2009.

Dados Internacionais de Catalogação na Publicação (CIP)
Angélica Ilacqua CRB-8/7057

Niemeyer, George
Adote um mentor: reflexões e provocações sobre o que vem pela frente / George Niemeyer. -- Barueri, SP: Novo Século Editora, 2022
    208 p.

1. Autoajuda 2. Desenvolvimento pessoal I. Título

22-1538   CDD 158.1

Índice para catálogo sistemático:
1. Autoajuda

uma marca do
Grupo Novo Século

Grupo Novo Século
Alameda Araguaia, 2190 – Bloco A – 11º andar – Conjunto 1111
CEP 06455-000 – Alphaville Industrial, Barueri – SP – Brasil
Tel.: (11) 3699-7107 | E-mail: atendimento@gruponovoseculo.com.br
www.gruponovoseculo.com.br

À minha esposa, Rosana, fiel companheira em todos os momentos – bons ou difíceis – da minha vida.

Aos meus quatro netos – Anna, Belinha, Luca e Dado. Que este livro sirva de legado do vovô, para que cada um o leia aos seus 15 anos e se prepare para sua respectiva jornada, com muitas realizações e felicidades.

A cada trinta anos, desponta no mundo uma nova geração, pessoas que não sabem nada e agora devoram os resultados do saber humano acumulado durante milênios, de modo sumário e apressado. Depois querem ser mais espertas do que todo o passado.

ARTHUR SCHOPENHAUER

Pouco conhecimento faz com que as pessoas se sintam orgulhosas. Muito conhecimento, que se sintam humildes. É assim que as espigas sem grãos erguem desdenhosamente a cabeça para o céu, enquanto as cheias as baixam para a terra, sua mãe.

LEONARDO DA VINCI

Será que, de alguma forma, conseguimos prever os eventos futuros, nos prepararmos e nos prevenirmos para eles?

PREFÁCIO

Este não é apenas um livro, é um companheiro que poderá orientá-lo(a) durante muito tempo em suas decisões, escolhas e em sua rota existencial.

Entre tantos conselhos que estão disponíveis atualmente, os melhores são sempre aqueles que têm "denominação de origem", ou seja, foram baseados numa experiência real.

Este livro é assim.

De maneira simples e profunda, esta obra nos fala como a voz de um conselheiro que entende nossos anseios nesta existência, que nos coloca em dúvida e exige de cada um o nosso melhor.

A sensibilidade do autor é bem notória em todo o decorrer de sua narrativa, assim como a profundidade de suas intenções em levar uma mensagem positiva para aqueles que se dedicarem a esta especial leitura.

Onde houver verdade, sinceridade e sensibilidade, haverá a esperança de ser uma pessoa melhor e tornar o mundo um lugar melhor.

Essa tríade compõe este livro de maneira brilhante. Por isso, a missão intrínseca de disseminar a realização de sonhos com pessoas mais humanizadas e espiritualizadas será concretizada para os leitores.

Adote um mentor, do escritor e pensador George Niemeyer, é uma leitura essencial.

CESAR ROMÃO
Escritor

AGRADECIMENTOS

Agradeço ao amigo Cesar Romão, ícone na literatura brasileira, e ao amigo Rav Sany, pela inspiração que me deu para escrever este livro; à Lu Rodrigues, pelo apoio; bem como à Edna Barian Perrotti, que procedeu à primeira leitura crítica, fez sugestões e revisou os originais. Com ela, desfrutei de uma interação maravilhosa pela capacidade de sintonia com meus pensamentos, conceitos e valores.

Agradeço a minha filha Carolina e seu marido, Rafael; a meu filho Felipe e sua esposa, Fabi; e, ainda, ao meu filho Daniel. Sem saber, eles influenciaram, e muito, minha visão atualizada sobre a próxima geração.

Agradeço às 90 pessoas que entrevistei informalmente, sem saberem que estavam sendo entrevistadas, para endossar e validar muitas das teses e provocações aqui lançadas.

Agradeço também às 30 pessoas que se dispuseram a ler a versão digital dos originais para testar a comunicação das propostas e as ideias do livro, em especial àquelas que me enviaram suas sugestões e seus depoimentos por e-mail ou pelo WhatsApp, parte dos quais registro aqui.

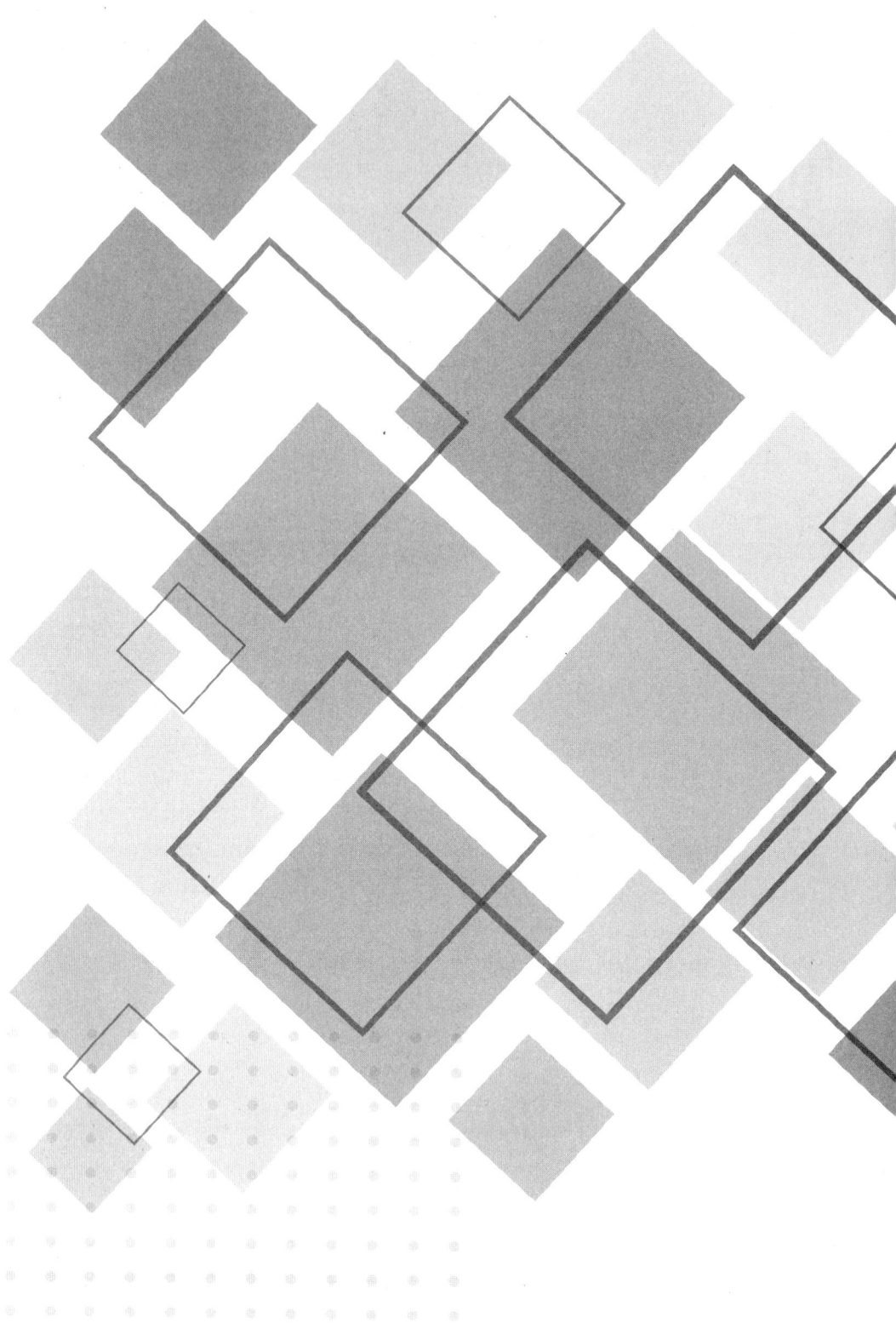

DEPOIMENTOS

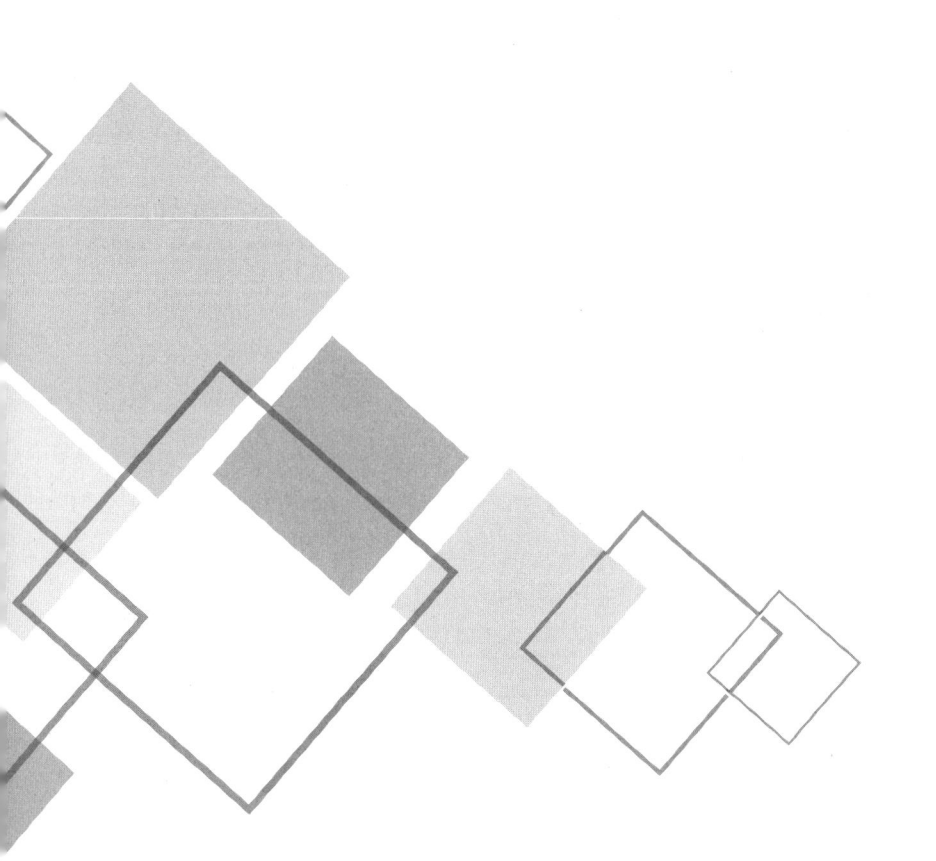

Depoimentos dos mais maduros

"A emoção com que este livro foi escrito fez toda a diferença: os eventos traumáticos que George viveu fizeram seu potencial virar potência e ele nos premiou com uma obra que tem tudo para se tornar destaque para todas as idades.

George dá dicas importantes para o planejamento de uma jornada positiva: será que, refletindo, conseguimos prever e isso nos ajuda a estar preparados para o futuro? E nos deixa uma grande lição: a importância de um mentor nas várias fases da vida.

É sempre bom ter um mentor por perto para acompanhar você e lhe dar conselhos, apontando o que ele faria se estivesse em seu lugar, ou contando como fez ao viver situações semelhantes.

Adote um mentor que goste de você e aceite esse papel com entusiasmo. Isso terá impacto no caminho e no ponto de chegada."

FÁTIMA ZORZATO
Headhunter, escritora, fundadora e CEO da INWI Consulting

"A realização de um professor é ver a evolução das carreiras pessoais e profissionais de seus alunos, e é o que sinto ao ler este livro do George, meu aluno na Engenharia de Produção na USP. E sua formação em Engenharia é percebida no projeto da estrutura de seu livro. Quanto ao conteúdo: o aluno superou o mestre!"

PAULO KIRCHNER
Professor Doutor da Poli – USP e da FEA – USP

"Passei os olhos em várias partes. Bons conselhos! Fruto de muita experiência! Um verdadeiro Waze, como você diz."

FÁBIO COLLETTI BARBOSA
Administrador, executivo e professor
Membro do Conselho da Fundação das Nações Unidas

"Parabéns!!! Excelente livro. Mesmo tendo muitos anos de experiência, a leitura desta obra me fez crescer como pessoa e profissional, enriquecendo-me em conhecimento e inteligência emocional para enfrentar os nossos atuais desafios. O autor foi muito feliz na transferência de experiências e na coletânea de frases de grandes personalidades e pensadores de hoje e do passado, nos levando a grandes reflexões."

ACACIO QUEIROZ
Sócio-fundador da Virelid

"Nasci no interior do Rio Grande do Sul, no município de Três Passos. Vivi por 22 anos em comunidade, em um convento de freiras. Atualmente, ajudo a transformar vidas de pessoas comuns em pessoas extraordinárias.

Me sinto feliz, grata em poder ajudar e contribuir com pessoas que querem e permitem se libertar de tudo o que as impede de ter uma vida saudável, leve, feliz, e ter ótimos relacionamentos, evoluir e olhar para dentro de si mesmas.

Quando mudamos o interno, o externo se transforma.

Tenho como legado atingir o máximo de pessoas para fazerem a viagem mais incrível – que é para dentro de si –, resgatarem a sua essência e encontrarem a autocura. Quando a pessoa se abre para o processo da autocura, consequentemente ela terá uma vida mais plena em todas as áreas. Por isso, gostaria imensamente de agradecer-lhe, George. Me emocionei ao ler seu livro. Tive a sensação de você estar falando a minha linguagem. Nossa, devorei o livro! Que incrível!

Enquanto lia, pensava comigo: quero conhecê-lo. Já recebeu minha admiração pela sua evolução. Tenho certeza que vai tocar muito o coração dos jovens."

JOVITE LINCK
Parapsicóloga e ex-freira
Natural do Rio Grande do Sul

"Há um ditado oriental que diz: 'Cada livro que você lê é uma vida a mais que você vive'. Corrigiria apenas o verbo 'vive' pelo termo 'aprende a viver', pois, com a leitura, novas imagens, vontades e sonhos surgem na nossa imaginação. E a palavra aprender, para mim, tem o significado de sem prender, desprender, soltar, dar asas à imaginação (como, por exemplo, ateu = sem Deus; anônima = sem nome!). Portanto, caro leitor, adote este livro, repleto de exemplos, histórias, casos e frases, como seu mentor, para alçar voo e assim realizar seu potencial e, como consequência, ser uma pessoa livre."

ROBERT WONG
Headhunter, escritor e CEO da Robert Wong Consultoria

"*Adote um mentor* ensina como bem-pensar. George reuniu inúmeras qualidades em uma mesma obra: cultura, experiência no mundo dos negócios, sólida formação acadêmica no País e no exterior, capacidade de agregar pessoas em torno do bem comum.

Com base nesses atributos, ele lança mão de seus próprios pensamentos – inclusive os que desenvolveu após dois encontros com a morte iminente – e um impressionante número de boas frases ditas por personagens da história, filósofos, pensadores consagrados, líderes empresariais, políticos e escritores de todo o mundo. Ele encontrou ensinamentos úteis até na Bíblia.

Aprendi a admirar o George por sua liderança no Oval Table, o grupo que ele organizou e comanda com o objetivo de discutir temas e desafios relevantes para o Brasil. Nunca o imaginei como autor de uma obra tão útil e estimulante. Constatei mais esta sua habilidade."

MAÍLSON DA NÓBREGA
Economista e escritor
Ministro da Fazenda (1988-1990)

"George, amigo querido,

Li e reli *Adote um mentor* e, de fato, quero toda noite ler de novo alguma parte antes de dormir. Não falo para te agradar, pois você não precisa disso. Mas falo em nome dos adolescentes e jovens que precisam DEMAIS dessa leitura. Seu livro deve se tornar obrigatório nas escolas, no ensino médio e nas universidades também. Deve ser A leitura para quem é pai ou pretende ser. Para quem é líder ou pretende ser.

Estou imensamente grata pela joia preciosa que você está oferecendo a todos nós, aprendizes do Viver.

E muito grata também pela honra de ver um texto meu na página 158. Te abraço com imenso carinho e admiração,

....

Quem pensa que este é um livro sobre mentoria, pensou pequeno: neste livro fascinante, você nos pega pela mão e nos conduz, passo a passo, com a leveza dos sábios, ao verdadeiro caminho da autorrealização. Mergulho e descubro, ao meu dispor, toda a essência da sabedoria. Mergulho de novo e ressurge em mim o vigor da plena juventude. Indispensável para adolescentes, jovens, pais e todos os seres humanos, de 14 a 114 anos."

CHRISTINA CARVALHO PINTO
Estrategista e expert em Branding
Cofundadora da Hollun Consultoria

Depoimentos dos mais jovens

"Meus sinceros parabéns pela obra! Como é lindo ler algo que edifica tanto a nossa alma. Um conteúdo verdadeiro no sentimento e justo nas observações. Amei!"

PRISCILA MIERTHKE
Dona de casa, mãe de três filhos

"Estou lendo seu livro e gostando muito. Gostando muito mesmo. Em muitas partes o senhor está me ajudando em minha vida pessoal e profissional. Estou refletindo sobre minha carreira, sobre meu passado, meu presente e meu futuro.

Estou lendo o livro como leio a Bíblia. Não tudo de uma vez, mas parte por parte, refletindo em cada passagem.

É um livro ótimo. Ótimo mesmo. Parabéns!"

LUCAS PAULA FRANCISCO ALVES
Garçom do Gula Gula (Rio de Janeiro)

"Estou lendo seu livro e estou impressionada! Como você fala das suas experiências para ajudar nas nossas próprias experiências. É um livro envolvente, você se entrega ao que fala. É também um livro bem global. As pessoas que lerem vão se envolver. Como engenheiro, você é um ótimo escritor."

PATRÍCIA MARCONDES
Vendedora de loja feminina (Rio de Janeiro)

"George, você aborda em seu livro várias situações, e muitas coincidem com a nossa vida. Tudo o que registra em seu livro é tão incrível! Não só para ler, mas para ter como um livro de estudo, de orientação. Este é um livro que oferece uma luz para muitos jovens que estão perdidos. Está sendo uma experiência bastante construtiva e enriquecedora ler o seu livro. Tenho falado muito dele a muitas pessoas. Ele vai ser um sucesso!"

SORAYA DE JESUS OLIVEIRA
Moradora da comunidade do Vidigal (Rio de Janeiro)

"Adorei todos os ensinamentos e reflexões do livro. Ele me fez questionar várias coisas em minha vida, e reconsiderá-las.

Com uma linguagem fácil e agradável, pode se ver que é escrito por uma pessoa muito inteligente, que teve que condensar muitos aprendizados para poder expô-los de forma simples.

Entendendo que seu objetivo maior é levar estes ensinamentos a jovens, eu acredito que seu livro não possa ser engolido. Para melhor absorção, deve-se ler um capítulo de cada vez e refletir sobre ele.

Acredito que somos espíritos tendo uma experiência humana."

FLAVIO GODOI
Jovem empresário, CEO da SimplePm

"Estou passando aqui para parabenizá-lo pelo livro, que é muito interessante e cheio de novos conhecimentos. Um livro cheio de exemplos/dicas, que, no meu ponto de vista, poderia até ser um manual de como encarar novos desafios.

PARABÉNS pelo excelente trabalho."

ARISON SANTOS DA SILVA
Estudante de escola pública, 18 anos

SUMÁRIO

APRESENTAÇÃO 29
    O propósito 33

A INSPIRAÇÃO 37

PROVOCAÇÕES 45

MARAVILHAS DA TECNOLOGIA 50

OS MÉTODOS DE APRENDIZAGEM 53
    Primeiro método: aprendendo com os outros, copiando
    o sucesso ou evitando os fracassos alheios 55
    Segundo método: aprendendo por si mesmo, pelos
    próprios erros e acertos 57

NASCIMENTO 61

As 15 fases da sua vida 69
Fase 1 - Bebê 73
Fase 2 - Infância... 74
Fase 3 - Criança 77
Fase 4 - Adolescente.. 78
Fase 5 - *Teenage*.. 79
Fase 6 - Jovem 80
Fase 7 - Jovem adulto... 81
Fase 8 - Odisseia 1 82
Fase 9 - Adulto 83
Fase 10 - Odisseia 2.. 84
Fase 11 - Maduro 85
Fase 12 - *Bon vivant* 86
Fase 13 - Aposentado.. 87
Fase 14 - Idoso 88
Fase 15 - Longevo 90

A vida é o presente 93

As 5 inteligências do ser humano 101
Inteligência racional 104
Inteligência emocional 105

Inteligência sensitiva 106
Inteligência paranormal 108
Inteligência espiritual 111

Compaixão 117

8 decisões estratégicas a ser tomadas e que podem definir sua trajetória de vida 125
Primeira decisão estratégica 130
Segunda decisão estratégica 131
Terceira decisão estratégica 132
Quarta decisão estratégica 133
Quinta decisão estratégica 134
Sexta decisão estratégica 137
Sétima decisão estratégica 137
Oitava decisão estratégica 138

Conceitos sobre temas importantes 141
Admiração 143
Amizade 144
Amor 146
Atitude 147

Contratos 148
Críticas 148
Dinheiro 149
Determinação 150
Dicas 151
Envelhecimento 151
Erros 153
Estupidez 154
Felicidade 155
Gratidão 157
Hábito 158
Honestidade 159
Humanidade 160
Imagem 162
Mentira 164
Metas 165
Morte 166
Negociação 169
Networking 169
Oportunidade 170
Perdão 171

Relações tóxicas 171
Resiliência 172
Sabedoria 174
Saúde 175
Serenidade 176
Sonhos 177
Sucesso 178
(In)sucesso 179
Tempo 179
Verdade 180

Universo 183
O início 185
A evolução 187
A perfeição 188

Frases inspiradoras 191

Palavras finais 199

Referências 203

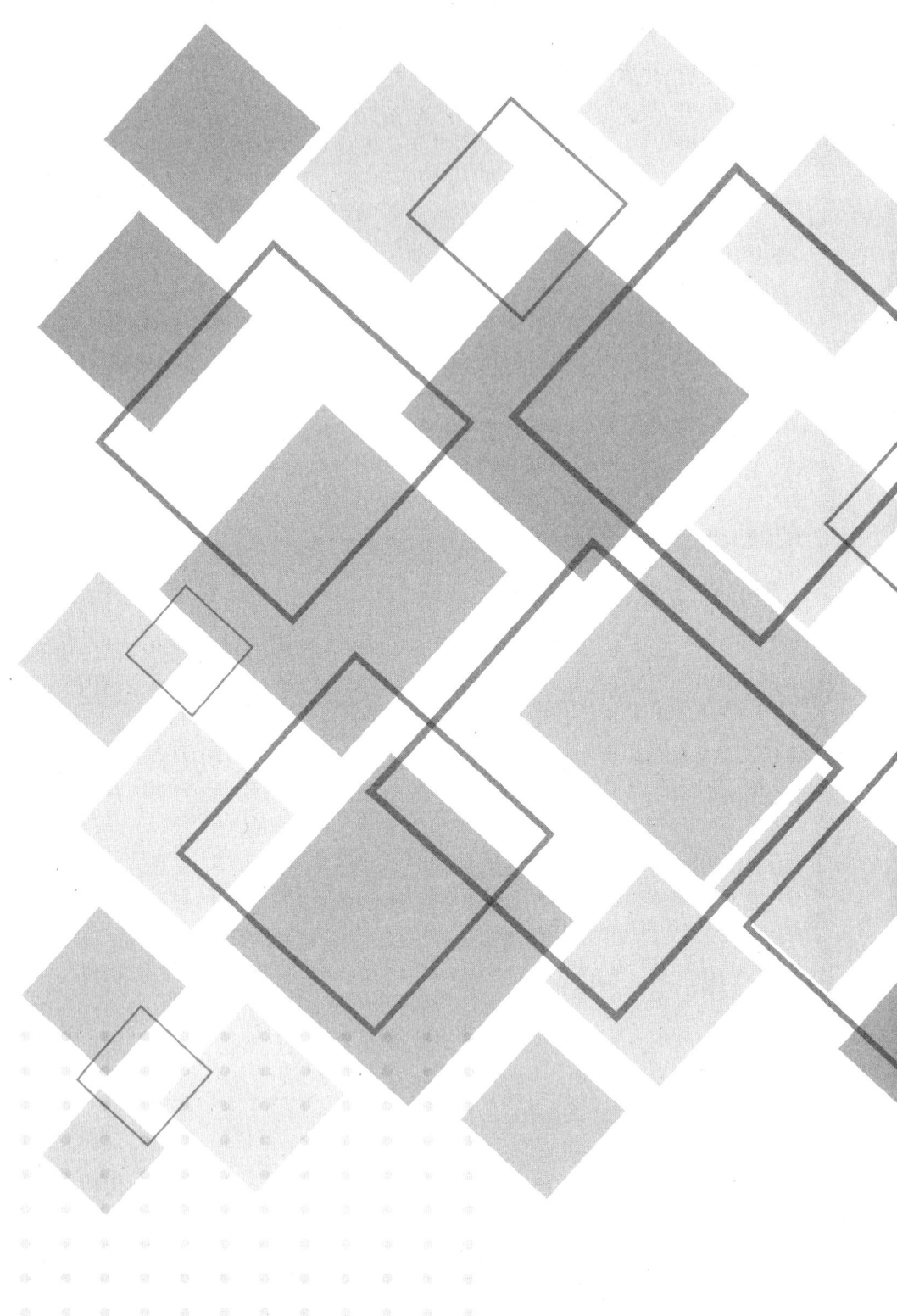

APRESENTAÇÃO

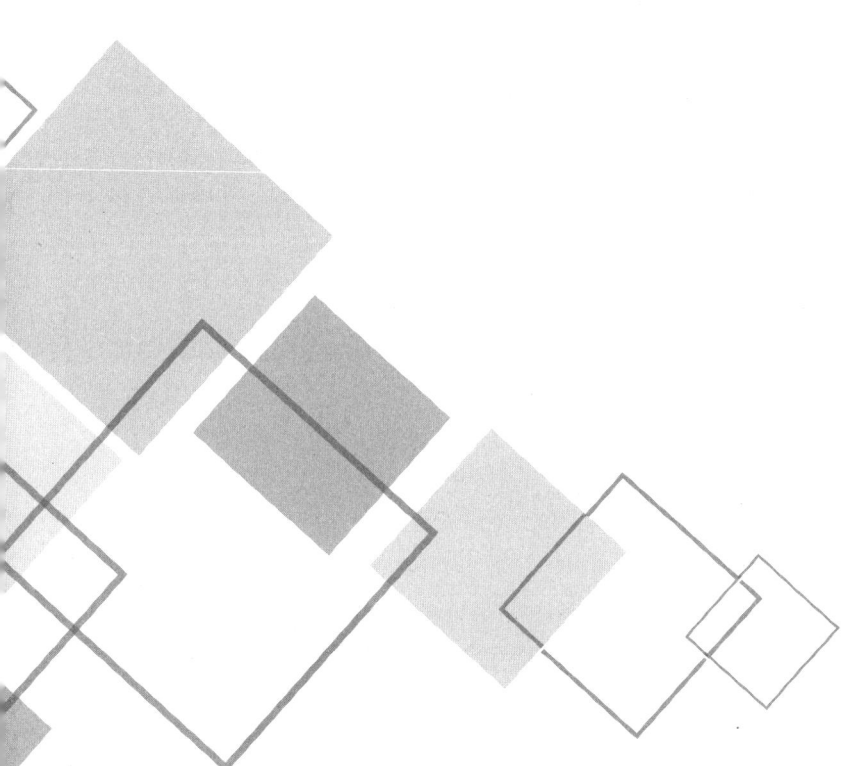

ESTE LIVRO NÃO É SIMPLESMENTE mais um exemplar de autoajuda dos tantos que temos no mercado. Ele é especial, porque faz parte de um projeto de vida concebido no leito da semi UTI do Hospital Oswaldo Cruz, quando entendi que havia chegado a hora da minha partida, em virtude de um estágio bem avançado de ataque do coronavírus em mais da metade dos meus órgãos. Os médicos, bem como minha família, haviam entendido que o pior estava por acontecer.

Ciente da minha situação e com plena consciência, fiz uma promessa para mim mesmo: caso conseguisse sair vivo dessa doença, eu mudaria meu propósito de vida e iria me dedicar a ajudar a sociedade a diminuir as diferenças sociais que tanto afligem o Brasil, por meio da educação focada nos jovens, que representam o futuro de nossa nação.

Queria fazer algo impactante e significativo. Depois de muita reflexão sobre como fazer isso de forma prática e eficaz, resolvi, apesar de não possuir nenhuma experiência na área, escrever um livro baseado na cultura, no conhecimento e na sabedoria que acumulei nessas sete décadas de vida, e que pudesse servir como mentoria para os jovens com brilho nos olhos que queiram crescer na vida e ajudar outras pessoas como motores propulsores de uma sociedade mais justa e equilibrada. Pensei em um milhão de jovens e me fiz a pergunta: **por que não?** Público teria!

Se você, leitor deste livro, se identificar com os conceitos e aprendizados aqui expostos, bem como acreditar numa ação coletiva de mudança envolvendo um milhão de jovens, convido-o a formar uma corrente do bem e a dar um exemplar de *Adote um mentor* de presente aos jovens que o cercam, sejam colaboradores na sua empresa, filhos de amigos, parentes ou provedores de serviços pessoais (como delivery, etc.), de modo que pessoas simples, sem muitos recursos, também possam se inspirar e aprender conceitos que facilitem a jornada de suas vidas – e, assim, cresçam nas suas respectivas carreiras e nos seus entornos pessoais e familiares.

Façamos juntos algo diferente, inovador e impactante, como mais um gesto do bem de nossa geração sênior, como legado para as gerações mais jovens. Não existe melhor contribuição à democracia de um país do que ensinar jovens a acreditar no seu futuro, investir na sua formação, focar na sua pátria e votar em candidatos alinhados com este mesmo objetivo.

Este livro está calcado em três conceitos, que considero os pilares de uma jornada de vida bem estruturada, para assegurar um bom potencial de crescimento tanto na parte pessoal quanto na familiar e profissional: **fases da vida**; **inteligências necessárias** e **decisões estratégicas corretas**.

Então, dito isso, quero provocar você, leitor, dirigindo-lhe 12 perguntas para que avalie e conclua se vale a pena se dedicar a ler este livro e, depois, recomendá-lo a jovens com brilho nos olhos:

1. Você saberia identificar em que fase da vida você está hoje?
2. Você tem ideia de qual será a próxima fase da sua vida e quais novos desafios vêm pela frente?
3. Você tem consciência de que as fases Odisseia 1, dos 25 aos 30 anos, e Odisseia 2, dos 60 aos 65 anos, são duas fases extremamente importantes e impactantes na sua carreira profissional, bem como na sua vida pessoal?

4. Você já ouviu falar em inteligência sensitiva? Em inteligência paranormal? Em inteligência espiritual? Sabe para que servem e como desenvolvê-las?
5. Você sabe identificar quando está à frente de uma decisão estratégica, daquelas que vão impactar sua vida por muito tempo, e sabe como lidar para decidir a seu favor?
6. Você sabe a diferença entre resiliência e teimosia?
7. Para você, a mentira é sempre ruim ou existem mentirinhas necessárias?
8. Você se considera um bom filho e sabe como avaliar isso?
9. Você se considera um bom pai e sabe como avaliar isso?
10. Você já refletiu por que a grande maioria dos casamentos não dá certo atualmente?
11. Você já pensou no melhor critério para escolher uma faculdade que atenda a suas aspirações?
12. Finalmente: sua busca pela felicidade está sendo bem conduzida?

Se respondeu sim para a maioria das perguntas, então o valor agregado aqui vai ser baixo. Mas, se pelo menos uma das respostas foi não, então acredito que você vai saborear os conceitos e as provocações expostos a seguir.

O propósito

Sempre atuei e ainda atuo diretamente com muitos jovens, e essa experiência me permite perceber que há uma lacuna, ou até uma necessidade de se transmitir conhecimentos de diversas áreas para pessoas que estão ávidas de conhecimento.

Pelas experiências de vida, sei que posso ajudar não só as novas gerações que estão iniciando a fase adulta, mas também aqueles que já desfrutam de uma boa inteligência racional, assim como de inteligência emocional, e procuram por outras capacitações para alcançar a evolução completa como ser humano.

Nesse sentido, meu destinatário não é apenas o jovem, mas também o jovem adulto que procura por um novo caminho para poder desfrutar a vida com toda a plenitude e a grandeza que ela merece, investindo em capacitações de novas inteligências a ser desenvolvidas, bem como em decisões estratégicas de alto impacto a serem tomadas agora, na certeza de serem assertivas.

Podemos comparar esse público diversificado àqueles motoristas que vão atravessar os Estados Unidos dirigindo um carro de costa a costa. Alguns têm noção do que poderão encontrar; outros vão explorar o desconhecido às cegas, sujeitos a todo tipo de intempéries e surpresas, sem a menor noção do que vem pela frente.

Quero que este livro leve os leitores a se sentirem no conforto de viajar com o auxílio de um aplicativo como o Waze, que avisa quando há uma câmera de controle de velocidade, carro parado no acostamento ou congestionamento à frente e, assim, não percam tempo nem recebam vultosas multas na sua jornada.

O grande objetivo é que ele sirva de mentoria, sempre levando em conta a experiência dos que vieram na frente e o momento que estamos vivendo no nosso país e no mundo.

O livro está recheado de textos – alguns de outros mentores –, que têm muito a ver com a minha forma de pensar, e de citações de vários autores, que podem também ser um estímulo para o dia a dia de cada um, naqueles momentos em que se faz necessária uma bússola para não haver desvios do caminho traçado.

Não pretendo, de forma alguma, apresentar uma receita de como viver melhor, distinguir o certo do errado ou contar sobre minha vida pessoal além do necessário.

Quero, sim, provocar reflexões sobre como desenvolver atitudes para lidar com obstáculos e decisões importantes que vão acontecer com 100% de certeza no andar da carruagem, para assegurar que a sua jornada de vida alcance os objetivos e o destino final propostos da forma mais assertiva possível. Vamos lembrar o ditado: "Na vida mais vale a jornada do que o destino".

Então vamos cuidar o máximo possível para aprimorar essa jornada naquilo que for possível, dentro da máxima: ah, se eu soubesse!

Confesso: se eu já soubesse, eu mesmo teria evitado muito das encrencas ou geladas em que acabei incorrendo por absoluto desconhecimento de certas coisas que me atingiram ou estavam acontecendo a meu redor. Faltou, infelizmente, muitas vezes, na época, um Waze, ou mentor de plantão, que pudesse me orientar!

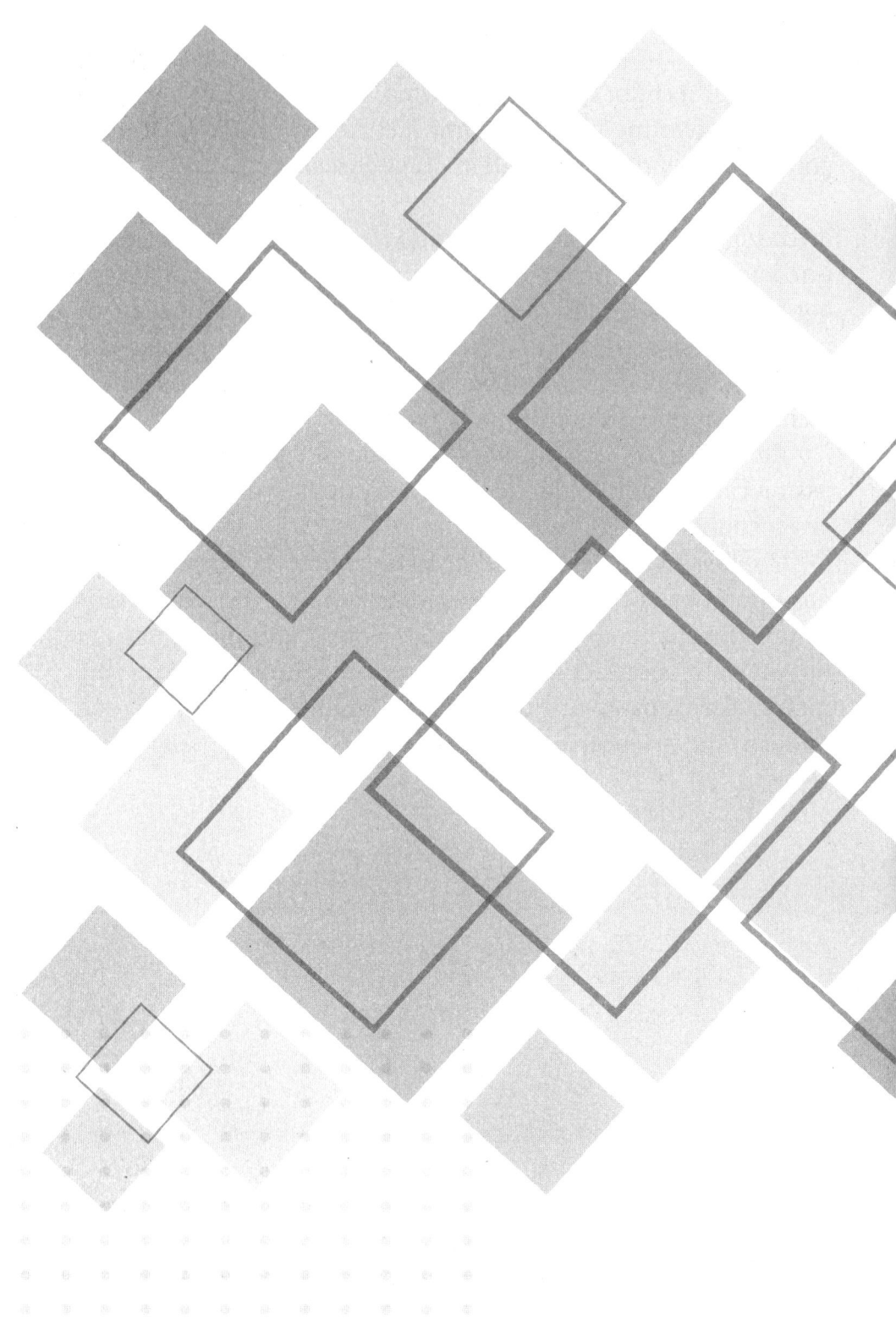

A INSPIRAÇÃO

ALVIN TOFFLER

"O analfabeto do século XXI não será aquele que não conseguir ler ou escrever, mas aquele que não puder aprender, desaprender e, por fim, aprender de novo."

SOU ENGENHEIRO FORMADO PELA Escola Politécnica da USP, com mestrado em Administração de Empresas (MBA) pela Columbia University, de Nova York.

Desenvolvi minha forma de pensar a partir de três culturas diferentes – alemã, americana e brasileira –, o que me permitiu e ainda me permite incorporar o pensamento de vários estudiosos em diversos campos do saber e em muitas áreas de atuação, desde a filosofia, a medicina e a administração até os contínuos avanços tecnológicos.

Além disso, tive o privilégio de poder aprender com dois mestres e me inspirar neles, que foram verdadeiros mentores, guias e gurus de minha vida: Theodoro Niemeyer, meu pai, e Alvin Toffler, autor do livro A *terceira onda*.

Meu pai nasceu em 1915 e era filho temporão de Johann George Ernesto Niemeyer, filósofo, escritor e engenheiro, além de amigo pessoal de D. Pedro II, com quem passava horas a fio no Instituto de Astronomia do Rio de Janeiro. Algumas vezes, varavam a noite observando os astros e filosofando em alemão sobre a complexidade do Universo.

Tenho um passaporte emitido pelo Império do Brasil em 1889 em nome do meu avô, para que ele fosse à Alemanha, a pedido do Imperador, comprar um novo telescópio na Zeiss. Devido à Proclamação da República, o projeto foi abortado e Ernesto ficou entalado na Europa por uns dez meses até poder revalidar seu passaporte imperial com um carimbo no verso, reconhecido como sendo um passaporte republicano e, assim, retornar ao Brasil.

Passaporte do avô de George Niemeyer, emitido pelo Império do Brasil, em 1889, para que ele viajasse à Alemanha, a pedido do Imperador.

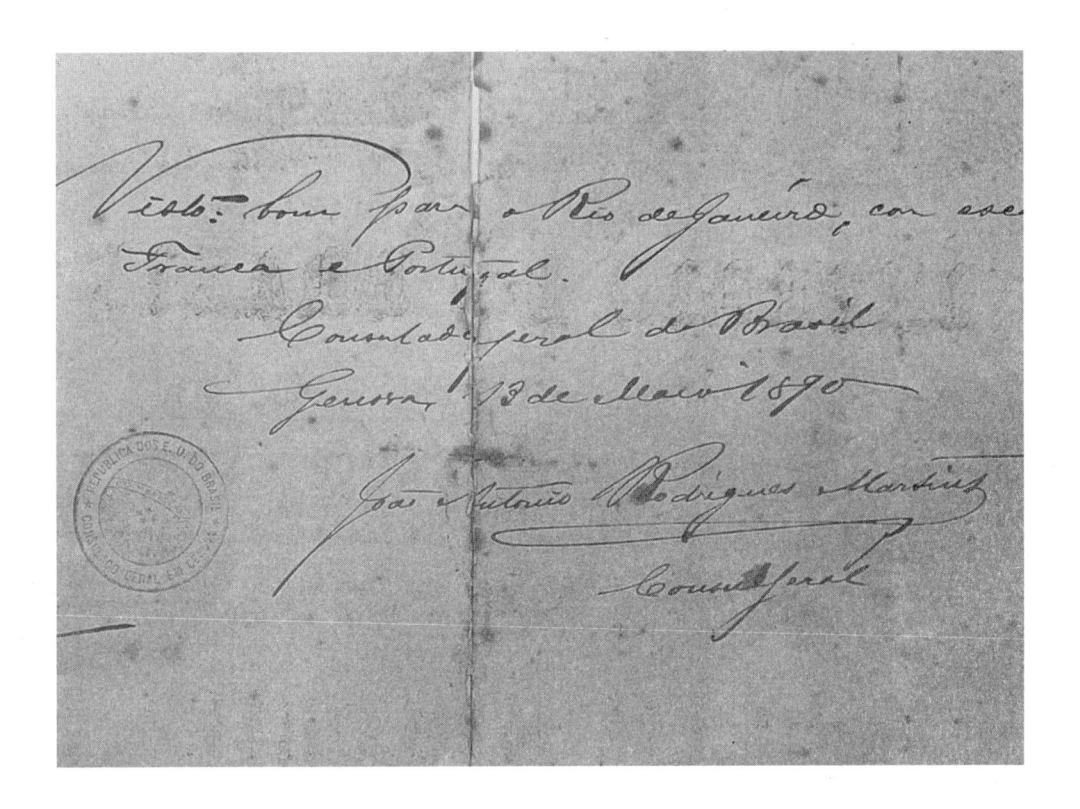

Verso do passaporte do avô de George Niemeyer.

Theo, meu pai, como era conhecido por todos, era autodidata em sete idiomas, incluindo russo. Sabia tudo de tudo: geografia, história, ciências, matemática, física, química, biologia, astronomia, física quântica, metalurgia. Apesar de ter se formado em Medicina, tornou-se uma das maiores autoridades do setor siderúrgico no Brasil na área de tecnologia de aços especiais.

Ele também tinha um talento todo especial para desenhos, de animais a detalhes do corpo humano, que ficavam próximos aos de Leonardo da Vinci.

Pessoa muito aconchegante e simples no jeito de ser, sempre tinha uma história interessante e engraçada para contar em tom de voz simpático e acolhedor. Era um verdadeiro agregador de pessoas e provocador de ideias inovadoras.

Ele me transmitiu um aprendizado que norteou minha vida, que posso sintetizar em cinco diretrizes:

1. Aprenda a observar os detalhes e a perfeição da natureza e se encontrará com o Criador.
2. Assimile o valor do amor incondicional e descobrirá a fonte do equilíbrio e da exuberância na natureza e no ser humano.
3. Observe o comportamento humano e entenderá como as pessoas são na aparência e na essência.
4. Cerque-se sempre de pessoas melhores do que você e aprenderá muito com elas.
5. Sofra calado, sem alardes, e tenha paciência se estiver passando por obstáculos difíceis, porque tudo na vida passa.

Meu segundo mentor foi Alvin Toffler. Tive o privilégio de conviver com ele e sua esposa, Ruth, por uma semana em Harvard, num seminário organizado pela Polaroid, onde eu trabalhava na época, e fui escolhido para ser o *day chairman* do evento. Com esse casal, aprende-se por minuto, e absorvi muitos conhecimentos, incluindo todos os detalhes da prática denominada *connecting the dots* (conectando os pontos), metodologia criada por ele e depois tão empregada por Steve Jobs.

O aprendizado com esses dois mentores, meu pai e Alvin Toffler, foi fundamental para a minha vida. E quando digo aprendizado, devo acrescentar que isso envolve não só o conhecimento que eles me passaram, mas também a prática de seus ensinamentos na minha vida pessoal e profissional.

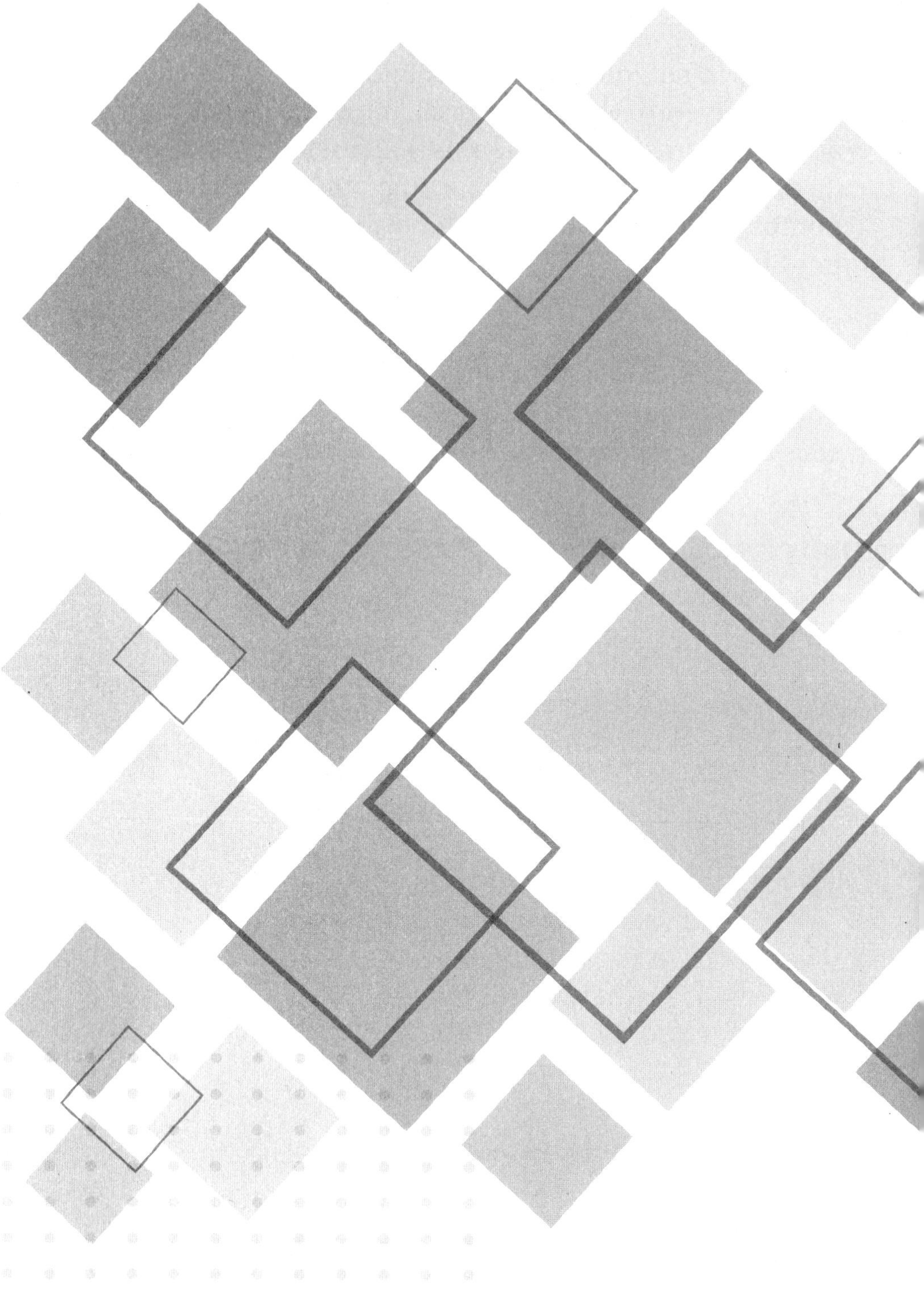

PROVOCAÇÕES

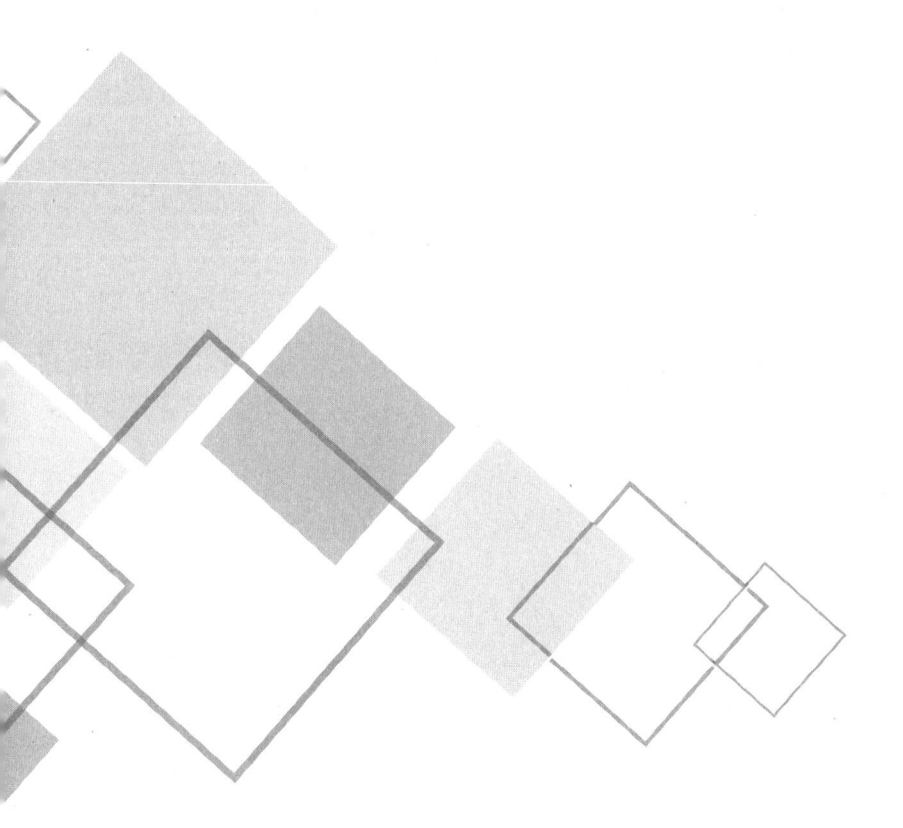

SÃO JERÔNIMO

"Ensina quem interroga com sabedoria."

NESTES TEMPOS MODERNOS, É NOTÁVEL a revolução tecnológica que está acontecendo nos vários campos do saber. Na medicina, por exemplo, são novos medicamentos, novas vacinas, novos diagnósticos e novas tecnologias de cirurgias não invasivas.

Por isso, as novas gerações deverão desfrutar de uma expectativa de vida superior a 120 anos, o que evidencia a necessidade de que novos paradigmas e preparos sejam discutidos e avaliados como diretrizes das jornadas de vida mais longevas.

Por outro lado, o nível de inteligência mundial sofreu, pela primeira vez na história recente, uma deflexão após 70 anos de crescimento contínuo desde o final da Segunda Guerra Mundial.

O que esses dois fatos apontam?

Eles mostram que estamos vivendo avanços inimagináveis, mas, ao mesmo tempo, recuos que impedem a evolução de muitas pessoas, ampliando a desigualdade social.

E mais: devido ao radicalismo, ao extremismo e ao surgimento de soluções prontas para tudo nas mídias sociais, deixou de haver diálogo e reflexões mais profundas entre os seres humanos, entre uma geração e outra, o que é essencial para um adequado planejamento de quem está iniciando a passagem para a fase adulta.

Também há o novo hábito das gerações mais jovens: o predomínio do relacionamento horizontal, aquele que se mantém com pessoas da mesma faixa etária, em vez do vertical, como fonte de validação de suas ideias, oportunidades, angústias e soluções.

Ou seja, a desvalorização do personagem "sábio", que por mais de 15 mil anos norteou os destinos das tribos, das vilas, dos grupos religiosos ou políticos, fez o valor da sabedoria e da experiência de vida não ser mais reconhecido e valorizado como era no passado.

O argumento principal para essa substituição e essa ausência é que a vida pessoal e a profissional requerem novos modelos de soluções e desafios, que as gerações mais velhas simplesmente não têm.

Concordo. Não posso negar que os tempos atuais requerem modelos de soluções e desafios igualmente novos. Mas não posso aceitar que as experiências vividas pelas gerações mais velhas – e mesmo pelas mais novas que já chegaram na frente – não facilitem a jornada de quem está começando.

Há uma grande diferença entre a vida real, em que "*You only live once*" (só se vive uma vez), e a vida glamourosa do cinema, como no filme *You only live twice*, quando James Bond pode viver uma segunda vez. Aliás, ele pôde desfrutar de todos os ensaios necessários até escolher a cena perfeita e ideal que foi a público. Em contrapartida, na vida real, sabemos, não existem ensaios: ela é em cores e ao vivo.

Assim, este livro está calcado principalmente nas seguintes provocações:

- O que vem pela frente?
- O que acontecerá nas próximas décadas e como poderá impactar nossas vidas?
- Será que, de alguma forma, conseguimos prever os eventos futuros, nos preparar e nos prevenir de acordo com eles?
- Teremos a capacidade de "aprender, desaprender e, por fim, aprender de novo"?

Perguntas difíceis e diferentes, mas a proposta é justamente refletirmos juntos sobre elas e encontrarmos algumas respostas.

A exemplo do que meu pai me passou com sua vivência e com seus aconselhamentos, eu finalizo esta apresentação com algumas diretrizes[1] – seja por explanações, seja por provocações, seja ainda por citações de outros autores – que serão aprofundadas no decorrer do livro:

1. Tente sempre se aproximar de um ou mais mentores, daqueles que já chegaram na frente, adotar suas ideias e usufruir delas.
2. Aprenda com os mais experientes. Muitas barreiras, questionamentos, tentações e dificuldades são réplicas de casos já vivenciados por outros em situações parecidas, senão idênticas.
3. Deixe de pensar somente no seu dia a dia e foque numa visão estratégica de muitas décadas.
4. Aprenda a fazer reflexões importantes sobre o que vem pela frente.
5. Lembre-se: a vida não permite ensaios.

Claramente, **não é necessário reinventar a roda todo novo santo dia.**

---

[1] Trouxe a contribuição que recebi de vários autores, transcrevendo trechos de seus livros e artigos, além de citar várias das frases que escreveram. Afinal, todo texto é tecido com a contribuição de outros textos, ou seja, lança mão da intertextualidade:

> Como a própria palavra sugere, intertextualidade é quase um diálogo *entre textos*, evocando passagens já lidas, ouvidas ou vistas; fazendo a citação literal de palavras, versos, frases ou parágrafos, ou simplesmente mencionando trechos ligeiramente modificados, mas que remetem a outras leituras.
>
> [...] Trazemos para nossos textos a contribuição de outros autores, quer mencionando exatamente o que escreveram – para dar maior peso às nossas palavras –, quer transmitindo suas ideias como se já fossem nossas, porque as incorporamos de tal forma que já não nos lembramos de sua autoria. (PERROTTI, 2010, p. 35)

MARAVILHAS DA TECNOLOGIA

> "Uma máquina pode fazer o trabalho de 50 pessoas comuns. Nenhuma máquina pode fazer o trabalho de uma pessoa extraordinária."
>
> **ELBERT HUBBARD**

Não faz muito tempo, os motoristas, ou as pessoas que estavam ao lado deles nos automóveis, consultavam um guia impresso e faziam pequenas paradas ao longo do trajeto, trocando informações com transeuntes e moradores, para chegar a um determinado local quando não conheciam o caminho.

Hoje, para não se perder, basta estar conectado à internet, acionar o Waze, seguir as instruções, e rapidamente você chega a seu destino. De quebra, ainda consegue se desviar dos congestionamentos e reduzir a velocidade nas vias que não admitem alta velocidade, evitando perigos à sua frente. Maravilhas da tecnologia, que permitem ter uma visão do todo para que você cumpra seu trajeto particular.

Também não faz muito tempo que as pessoas, quando precisavam fazer uma pesquisa, consultavam muitos livros e revistas impressos, em casa, na escola ou nas bibliotecas municipais. É claro que nada substitui uma boa leitura, o prazer de manusear um livro impresso, mas muitas vezes podemos recorrer às bibliotecas on-line para rapidamente encontrar aquilo que precisamos.

Tanto o Waze quanto a biblioteca on-line são maravilhas da tecnologia moderna, que estão à nossa disposição há pouquíssimo tempo, se pensarmos no quanto já viveu a humanidade.

Por que falo dessas maravilhas?

Porque sou adepto delas, contudo as uso com cuidado. Não posso deixar de dizer que é de suma importância que haja uma reflexão sobre tudo o que vemos, lemos e ouvimos. Neste mundo frenético, como gosto de enfatizar, precisamos parar e refletir. Observar os fatos de diferentes perspectivas.

É esta a proposta dos assuntos que se seguem: com um raciocínio lógico e bem arquitetado, explorar a mesma temática de diferentes ângulos, enriquecendo o olhar do presente com a contribuição do passado.

A técnica é enriquecer a narrativa juntando as peças como se fossem parte de um mesmo quebra-cabeça, finalizando com um conceito único, baseado nos conhecimentos e na sabedoria de vida adquiridos em experiências reais vivenciadas até hoje.

Antes de prosseguirmos, vale lembrar que existem vários métodos de aprendizagem, mas quero me deter especialmente nestes dois:

1. Aprender com os outros, copiando o sucesso ou evitando os fracassos alheios;
2. Aprender por si mesmo, com os próprios erros e acertos.

Vamos refletir sobre cada um deles.

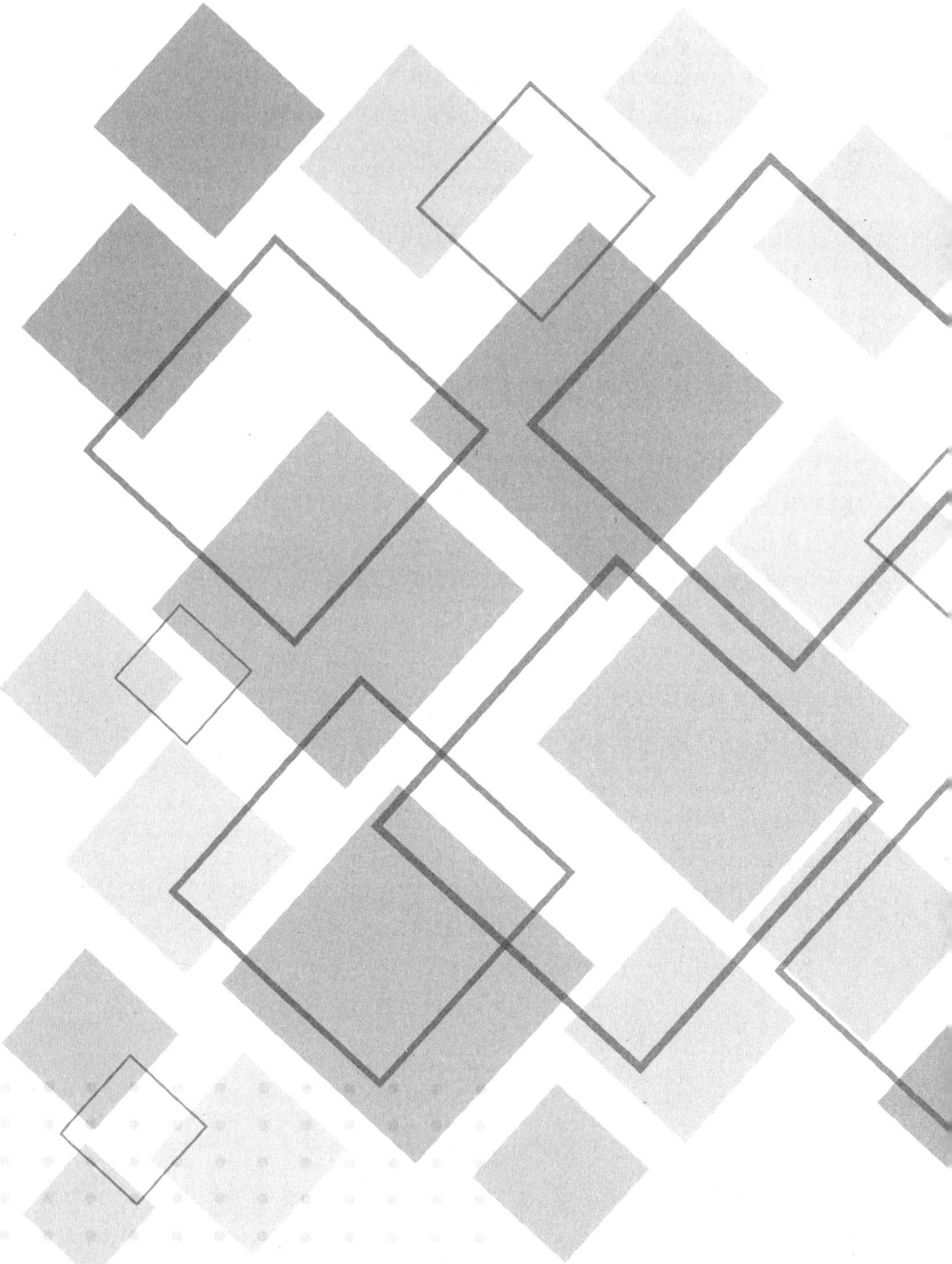

OS MÉTODOS DE APRENDIZAGEM

ANTÔNIO JOAQUIM SEVERINO

"O estudo e a aprendizagem, em qualquer área do conhecimento, são plenamente eficazes somente quando criam condições para uma contínua e progressiva assimilação pessoal dos conteúdos estudados."

Evidentemente, existem vários métodos de aprendizagem, tanto que cada escola constrói sua imagem de acordo com aquele que adota.

Nos cursos de pedagogia, os alunos entram em contato não só com aqueles que foram desenvolvidos há muito tempo, como também com os métodos mais modernos.

Contudo, aqui quero abordar dois de forma bem genérica.

Primeiro método: aprendendo com os outros, copiando o sucesso ou evitando os fracassos alheios

Comecemos com uma habilidade que a criança aprende com quem cuida dela e desenvolve desde muito cedo, com menos de um ano de idade: a linguagem. Ela se comunica com o adulto usando gestos que têm um determinado significado. Por exemplo: fazer tchau, bater palmas, balançar a cabeça de um lado para outro para dizer que não quer o que estão lhe oferecendo. Ou então o contrário: apontar para o adulto alguma coisa que quer para si num certo momento.

Não demora e esses gestos são acompanhados da fala. Ela aponta a torneira e diz algo como *aua*. E a mãe logo entende que ela quer água. Para alegria dos pais, fala *mamã* e *papá*. Com o passar do tempo, o bebê, pelo contato com seus familiares e outras pessoas próximas, incluindo outras crianças, desenvolve completamente a linguagem falada. Com três anos já é capaz de se comunicar perfeitamente.

Quando vive num ambiente bilíngue, é possível que aprenda com facilidade os dois idiomas ao mesmo tempo. Ou mesmo três, dependendo se o pai fala uma língua X e a mãe uma língua Y, ambas diferentes daquela do país em que estão. Quando a criança conversa com o pai, fala a língua X; quando conversa com a mãe, a Y, e quando está com os amiguinhos ou na escola, a do país. Em síntese: a criança aprende uma ou mais línguas em contato com outras pessoas.

Atualmente, se o adulto não aprendeu a falar inglês na infância, com o pai, a mãe ou numa escola bilíngue, terá de frequentar um curso de idiomas se quiser ter pleno sucesso pessoal ou profissional. Isso porque é muito difícil viver num mundo tecnológico sem os conhecimentos básicos dessa língua.

Podemos transferir esse conceito a vários campos. Aprende-se nos livros com o conhecimento dos autores que os escreveram. Aprende-se na internet com o conhecimento acumulado e compartilhado por milhões de pessoas espalhadas pelo planeta. A resposta que se recebe com uma simples pesquisa no Google, por exemplo, é resultado do estudo, do conhecimento, da disponibilidade de pessoas que colocaram o que sabem a serviço de outras.

Poderia ficar discorrendo sobre esse método horas a fio, falando de como uma pessoa aprende com outra; como uma empresa aprende com outra; como um país aprende com outro. Eu mesmo aprendi esse conceito com Jorge Paulo Lehman, um empresário ícone ultra bem-sucedido. Uma vez ele comentou comigo que quem mora no Brasil tem o privilégio de voar na máquina do tempo: basta ir aos Estados Unidos, observar e aprender sobre o futuro.

Quanto não aprendemos e não ganhamos com os americanos neste aspecto? Vamos mencionar apenas dois nomes de peso: Bill Gates e Steve Jobs, com os respectivos impérios que construíram, Microsoft e Apple.

Segundo método: aprendendo por si mesmo, pelos próprios erros e acertos

Agora voltemos nossa reflexão para o segundo método. Tomemos o próprio exemplo da aprendizagem de uma segunda língua.

Vamos imaginar uma pessoa que deseje aprender mandarim sem professor, sem contato com nenhuma pessoa que fale mandarim, sem ver nenhum filme em língua mandarim no original.

Para começar, está mais que provado que só se tem fluência numa determinada língua falando essa língua, comunicando-se por meio dela. Ora, para se comunicar, há necessidade de um interlocutor, que vai ouvir e responder, e mesmo dar *feedback* sobre o que está certo e o que está errado em relação à pronúncia, ao significado, e assim por diante.

Em outros ramos do conhecimento acontece a mesma coisa.

Eu diria que, quase na totalidade dos assuntos, é praticamente impossível aprender apenas pelos próprios erros e acertos. A menos que se queira passar a vida patinando em vez de avançar...

Por que então correr riscos desnecessários? Por que não tirar proveito de um Waze da vida que o alerta quando está diante de momentos perigosos e decisivos, em vez de quebrar a cara e pagar caro?

Aproveitando minha conversa com Lehman, vou convidar você a se posicionar como um observador privilegiado que tem a capacidade de viajar no tempo e no espaço, desde antes do Big Bang até a próxima dimensão após a morte, e assim enxergar a natureza, bem como o ser humano, numa forma e perspectiva muito maior, completa e complexa.

Você já parou para pensar na grandeza do Universo, com suas galáxias, planetas e satélites? Em como a Terra fica pequena quando a vemos nessa imensidão cósmica?

Já refletiu sobre os mais de sete bilhões de pessoas que habitam o nosso planeta e que você é uma delas?

Alguma vez você já pensou no seu papel como um de seus habitantes? Em como uma simples atitude sua, como economizar água e não jogar nada que venha a poluir os rios, os mares e os oceanos, pode contribuir para que todos vivam num mundo melhor?

Sim, porque é a soma das atitudes de um indivíduo com as de outro, mais outro – e assim sucessivamente –, que faz com que o nosso planeta seja o que é.

Esse tipo de observação eu chamo de "**visão de astronauta**", aquele que vê o todo, o macro, e não somente uma parte, que é oposto à "**visão de sapateiro**", que se prende nos detalhes do prego e da sola e só pensa e enxerga o micro.

Eu definitivamente não sou, nem nunca serei, o dono da verdade. Por favor, entenda tudo isso muito mais como uma contribuição à sociedade de alguém que aprendeu a aprimorar o dom da observação da natureza e do ser humano e quer compartilhar com terceiros esses aprendizados, visando deixar um legado para futuras gerações dentro de uma missão maior entendida como um propósito de vida.

Aproveito para lembrar que, mais importante que achar as respostas certas para tudo, é sempre fazer as perguntas certas para as pessoas certas. Dessa forma é que se encontra o caminho das soluções para quase tudo na vida. Se quiser conquistar uma pessoa numa balada ou ser aprovado numa entrevista de emprego, foque mais nas perguntas que nas respostas e depois avalie os resultados. Tenho certeza de que você vai se surpreender!

Todos nós precisamos de mentoria. Pense no orientador de uma pesquisa de mestrado ou doutorado... Por que então não ter mentoria na vida?

Então venha comigo e vamos caminhar juntos nesta jornada de um século pela frente! Comecemos pelo momento e pelo local em que você nasceu.

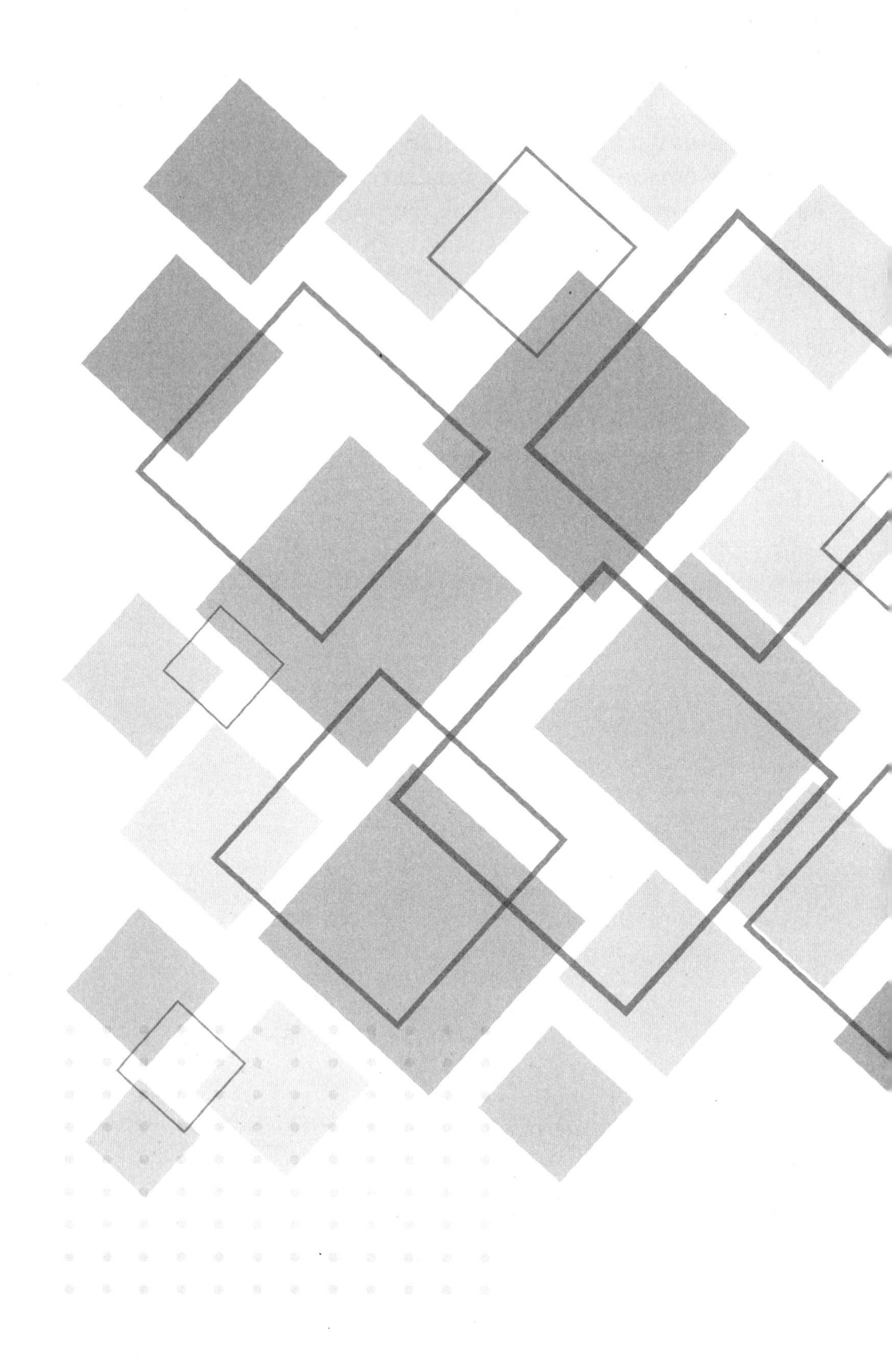

Nascimento

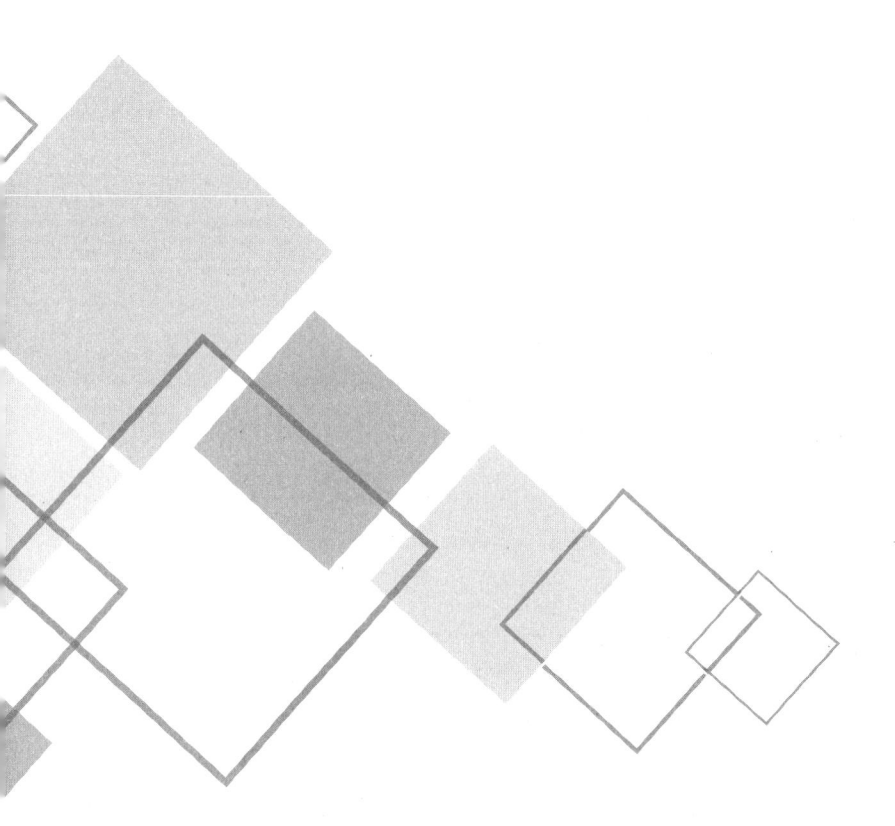

CHARLES CHAPLIN

"A vida é maravilhosa quando não se tem medo dela."

Vamos voltar no tempo e fazer algumas reflexões.

Você acaba de nascer! A primeira pergunta importante passa a ser: *o que vai influenciar e direcionar o meu futuro e o que vem pela frente?*

Em primeiro lugar, vem a sorte ou a falta dela. Isso é mais ou menos como ganhar ou não um bilhete na loteria.

Se chegar a este mundo com saúde perfeita, em uma família estruturada com recursos, gravidez serena e desejada, você já partiu ganhando um bilhete premiado e deveria, assim que tiver noção das coisas importantes da vida, *agradecer, agradecer e agradecer*. Ser *grato* tanto ao Criador quanto a seus pais, porque, na jornada da vida, você já saiu com um enorme *handicap* a seu favor em comparação a outros não tão privilegiados.

É triste observar como muitos filhos não se dão conta disso nem têm incorporado na sua alma o sentimento de gratidão pela vida e pelos pais que têm, achando tudo simplesmente natural e normal, sem a necessidade de agradecer pelos privilégios recebidos logo na largada.

Em contrapartida, é uma grande satisfação observar como muitos jovens que não tiveram o privilégio de nascer num lar com recursos, frequentar boas escolas, que viveram num ambiente em que falta tudo, onde tudo conspira contra, são capazes de alterar sua trajetória, impulsionar a vida dos que os cercam e mesmo mudar a realidade da comunidade em que vivem.

Há inúmeros exemplos nesse sentido, mas vou apresentar apenas um, o jovem Eduardo Lyra. Transcrevo um trecho que tirei do site **Ecoa**:

A história de Eduardo Lyra – o Edu – cofundador da ONG Gerando Falcões, é de exceção. A realidade desigual brasileira tinha previsto que suas chances para concluir o ensino superior seriam baixas. [...] Que dirá se tornar escritor, palestrante, ir a Harvard, ser apontado como um dos 15 jovens capazes de mudar o mundo pelo Fórum Econômico Social, e um dos maiores empreendedores sociais do país, com apenas 33 anos? Nem mesmo quando sua mãe, dona Maria Gorete, lhe dizia "Filho, não importa na vida de onde você veio; o que importa é para onde você vai, e você pode ir pra onde quiser", ele imaginou que chegaria tão longe.

Edu se agarrou aos estudos como caminho para fazer valer o que sua mãe lhe dizia. Aos 22 anos, ele escreveu e lançou de forma independente o livro *Jovens Falcões*, em 2011, com histórias de 14 brasileiros empreendedores. Com os exemplares debaixo do braço, saiu de porta em porta vendendo os livros [...]. O preço cobrado era simbólico: R$ 9,99.

A ideia era fazer com que as histórias de sucesso de outros jovens inspirassem as famílias da comunidade. Com o dinheiro dos 5 mil exemplares, vendidos ao longo de três meses, ele deu início ao Projeto Gerando Falcões. Por meio de palestras para estudantes de escolas públicas, Lyra queria motivar os jovens a, como ele, superar as adversidades e enxergar um futuro longe das drogas e do crime (VAZ, 2021).

Você observa que a resposta dada por Edu Lyra para a primeira pergunta que lancei no segundo parágrafo – o que vai influenciar e direcionar o meu futuro e o que vem pela frente? – veio da influência de sua mãe: "Filho, não importa na vida de onde você veio; o que importa é para onde você vai, e você pode ir pra onde quiser".

Realmente, você é o(a) protagonista da sua vida. Você pode ir para onde quiser. O seu futuro depende do que você semear agora. Nesse sentido, escreve Lya Luft:

[...] não somos apenas levados à revelia numa torrente. *Somos participantes.*

Nisso reside nossa possível tragédia: o desperdício de uma vida com seus talentos truncados se não conseguirmos ver ou não tivermos audácia para mudar para melhor – em qualquer momento e em qualquer idade.

A elaboração desse "nós" iniciado na infância ergue as paredes da maturidade e culmina no telhado da velhice, que é coroamento, embora seja visto como deterioração.

Nesse trabalho nossa mão se junta às dos muitos que nos formam. Libertando-nos deles com o amadurecimento, vamos montando uma figura: quem queremos ser, quem pensamos que devemos ser – quem achamos que *merecemos ser.*

Nessa casa, a casa da alma e a casa do corpo, não seremos apenas fantoches que vagam, mas guerreiros que pensam e decidem.

Construir um ser humano, um nós, é trabalho que não dá férias nem concede descanso: haverá paredes frágeis, cálculos malfeitos, rachaduras. Quem sabe um pedaço que vai desabar. Mas se abrirão também janelas para a paisagem e varandas para o sol.

O que se produzir – casa habitável ou ruína estéril – será a soma do que pensaram ou pensamos de nós, do quanto nos amaram e nos amamos, do que nos fizeram pensar que valemos e do que fizemos para confirmar ou mudar isso, esse selo, sinete, essa marca.

Porém isso ainda seria simples demais: nessa argamassa misturam-se boa vontade e equívocos, sedução e celebração, palavras amorosas e convites recusados. Participamos de uma singular dança de máscaras sobrepostas, atrás das quais somos o objeto de nossa própria inquietação. Nem inteiramente vítimas nem totalmente senhores, cada momento de cada dia um desafio.

Essa ambiguidade nos dilacera e nos alimenta. Nos faz humanos.

No prazo da minha existência completarei o projeto que me foi proposto, aos poucos tomando conta dessa tela e do pincel.

Nos primeiros anos quase tudo foi obra do ambiente em que nasci: família, escola, janelas pelas quais me ensinaram a olhar, abrigo ou prisão, expectativa ou condenação.

> Logo não terei mais a desculpa dos outros: pai e mãe amorosos ou hostis, bondosos ou indiferentes, sofrendo de todas as naturais fraquezas da condição humana que só quando adultos reconhecemos. Por fim havemos de constatar: meu pai, minha mãe eram apenas gente como eu. Fizeram o que sabiam, o que podiam fazer (LUFT, 2015, p. 26-27).

Agora apresento a você a segunda grande pergunta. O que é mais impactante e determinante na vida das pessoas: o cromossomo – portanto, a genética herdada – ou o meio ambiente onde esta pessoa está inserida e é criada?

Eu me fiz essa pergunta ao longo dos últimos 50 anos e, conforme adquiri mais quilometragem na estrada da vida, notei minha contínua alteração de compreensão e visão sobre esse tema.

A maneira precisa e correta de responder a essa pergunta é avaliar e dar uma porcentagem de peso à influência de cada um desses dois fatores, e o resultado deve ser, por definição, sempre 100%.

Exemplos frequentes são 50%/50%; 60%/40%; 30%/70%, ou qualquer outro que o convença ser a melhor porcentagem representativa da sua experiência pessoal até hoje.

Vou deixar cada leitor refletir e responder por si só essa pergunta básica, porque ela pode ser a chave para entender muito do comportamento de todos os membros de sua família, dos que vivem a seu redor e o seu próprio também.

Eu o desafio a parar a leitura neste momento, dar uma pausa e fazer uma observação organizada e sistêmica, se possível de pelo menos uns dez parentes próximos, e ver a que conclusão você chega.

Inclua ascendentes, irmãos, primos e descendentes. Veja quem parece com quem em termos de comportamento e personalidade e mapeie os entes mais próximos de você.

Dessa forma, você vai se ver diante de um espelho e passar a entender melhor quem você de fato é e em qual contexto está inserido.

Para ficar mais fácil, copie num caderno os quadros a seguir algumas vezes, preencha-os e una-os com um traço contínuo pelas semelhanças que apresentam e com um tracejado pelas diferenças observadas. Grife as características de cada um que você observa em si mesmo.

Esquema da observação organizada e sistêmica

Nome:	Nome:
Grau de parentesco:	Grau de parentesco:
Características:	Características:

O que mais chama a sua atenção nesses quadros?

Aproveite e faça uma reflexão sobre a importância que as pessoas tiveram e têm na sua vida e a importância que você tem na vida delas.

Escreva, então, o resultado da sua reflexão, levando em conta o que os quadros lhe revelaram sobre sua personalidade e seu comportamento.

Agora vamos refletir sobre as fases da sua vida. Eu as dividi em 15.

AS 15 FASES DA SUA VIDA

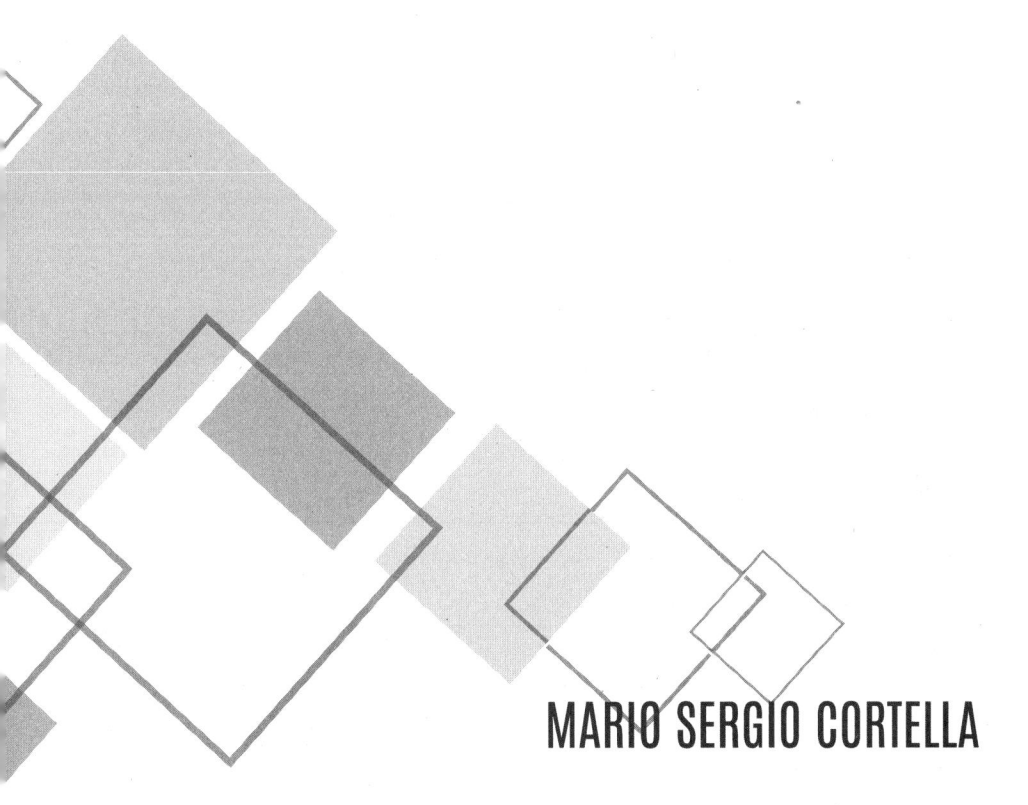

MARIO SERGIO CORTELLA

"Não é a morte que me importa, porque ela é um fato. O que me importa é o que eu faço da minha vida enquanto a minha morte não acontece, para que essa vida não seja banal, superficial, fútil e pequena."

VOCÊ VAI VIVENCIAR A SUA VIDA e desfrutar do belo e do melhor que ela pode lhe oferecer, de forma inconsciente ou consciente, desde que:

a. Entenda que a vida é feita de fases distintas e diferentes entre si;
b. Incorpore esse conceito na sua mente, no coração e na alma, permitindo que você fique em paz com tudo o que chega e com tudo o que se vai no transcorrer de sua jornada, sem jamais ter o sentimento de perda;
c. Enterre no passado a fase que acabou, vire a página focando somente no presente e no futuro. Assim você economiza muita energia e vai atrás daquilo que é realmente importante e pode fazer a diferença para você. Mas lembre-se: todos os inícios de novas fases são sempre mais difíceis que vivenciar a própria fase.

Pela observação sistêmica do comportamento humano, compreendi a vida como uma travessia de diversas fases, e identifiquei até o momento 15 ao todo, todas elas muito ligadas à idade cronológica das pessoas, desde o nascimento até a morte.

É importante notar, porém, que nem sempre as pessoas vivem todas elas: há as que pulam algumas e desenvolvem sequelas psicológicas, por terem justamente atropelado as fases e não as vivenciado e internalizado na sequência correta identificada a seguir.

Imagino que, numa visão futura secular, essa segmentação poderá ser ampliada com fases adicionais, devido a mudanças de hábitos e costumes combinadas a novas tecnologias, totalizando talvez umas 20 fases para quem desfrutar de uma expectativa de vida de 120 anos ou mais.

No quadro a seguir, estão as 15 fases que identifiquei ao fazer um trabalho sistêmico e organizado de observação de perto do comportamento de mais de 90 pessoas, seis em cada segmento, sem que elas soubessem que estavam sendo entrevistadas, para não influenciar o resultado da pesquisa.

Fase	Nome	Catalizador	Característica principal da fase	Ligação emocional
1	Bebê	Nascimento	Observar/Pegar	Mãe
2	Infância	TV/iPad	Emoção virtual	Pai/Mãe
3	Criança	Esporte	Emoção real	Amigo
4	Adolescente	Puberdade	Contestar	Turma
5	*Teenage*	Sexo	Desabrochar	Namorado(a)
6	Jovem	Maior de idade	Habilitação/Liberdade	Tribo
7	Jovem adulto	Faculdade	Acontecer	Tribos
8	Odisseia 1	Recém-formado	Repensar	Namorido(a)
9	Adulto	Profissional	Trabalhar	Par
10	Odisseia 2	Novo foco	Repensar	Novo par
11	Maduro	Nova carreira	Realizar	Filhos/Netos
12	*Bon vivant*	Conselheiro	Desfrutar	Filhos/Netos
13	Aposentado	Fim profissional	Viajar/Lazer	Filhos/Netos
14	Idoso	Vazio existencial	Contemplar	Solitude
15	Longevo	Saúde frágil	Visão espiritual	Deus

O importante é compreender que cada fase tem início, meio e fim, que aquilo que era válido na fase X pode deixar de ser na fase Y, e que os valores e os comportamentos são alterados repentinamente, sem pré-aviso algum.

A utilidade desse quadro-resumo é justamente provocar cada leitor a fazer uma análise íntima e honesta de onde se encontra na sua jornada de vida, bem como de seus ascendentes e descendentes diretos, e, assim, poder entender melhor suas relações e necessidades familiares e até prever e tentar se prevenir de novos comportamentos possíveis, melhorando muito as relações intrafamiliares.

Um erro frequente é prolongar artificialmente uma fase, antecipar ou até pular outras, sem que a pessoa em questão esteja madura e pronta para enfrentá-la do ponto de vista físico-mental ou psicológico.

Vamos falar um pouco também sobre biologia para entender o desenvolvimento do corpo e da mente de um ser humano em muitas das fases apontadas a seguir.

Fase 1 - Bebê

"Um bebê é a opinião de Deus de que a vida deve continuar."
CARL AUGUST SANDBURG

Para o bebê, ele e a mãe são um único ser. Demora um tempo para ele entender que agora são dois corpos e duas mentes separadas. Daí o valor de passar boas horas no colo da mãe, escutar e reconhecer o pulsar do coração dela, ficar super-repousado e voltar a uma *zona de conforto* conhecida.

Quando o bebê sente frio ou fome e não sabe como resolver o drama, ele simplesmente chora por impulso e acaba aprendendo por reflexo condicionado que chorar é bom, porque o recurso salvação logo aparece como um milagre.

Se você quer ter um bebê calmo, aprenda a antecipar as próximas necessidades e tente sempre atendê-las a tempo. Assim, evitará muito choro. Do contrário, acabará incentivando a criança, mais tarde, a toda vez que encontrar um obstáculo, chorar como meio de solucionar seus problemas em vez de transpô-los.

Essa fase se caracteriza muito por observar, pegar objetos, colocá-los na boca e adquirir as primeiras noções de tempo e espaço. A chupeta é uma questão de tempo, e toda mãe acaba cedendo, por mais rígida e contra que seja. Chega a dizer: "meu filho não vai usar chupeta nunca". Mas acaba chamando-a de "santa chupeta", um verdadeiro cala a boca quando a paciência se esgota.

Fase 2 - Infância

> "Há sempre um momento na infância em que a porta se abre e o futuro entra."
> **GRAHAM GREENE**

Toda criança nasce feliz. A alegria é inerente à nossa natureza. A sociedade impõe valores e regras que, quando mal implementados, diminuem a alegria.

Os novos e futuros pais e mães que conheço dizem que seus filhos não vão ficar ligados em tablet ou televisão, que vão incentivar uma vida natural, promovendo experiências reais, e não virtuais.

Doce ilusão! Proibir só piora as coisas e as negociações. Nessa fase, já começa a experiência do método *punishment and reward* (punição e recompensa). Para os seus adeptos, quando é punida, a criança aprende a não ter atitudes indesejadas. Já a recompensa é uma forma de reforçar o bom comportamento. Trata-se da aprendizagem por reforços positivos e negativos. Uma pesquisa feita pela Universidade de Harvard revelou que, para grande parte das pessoas, o rendimento é muito maior quando o ambiente é positivo, ou seja, ele funciona como uma espécie de reforço positivo.

Essa prática existe há mais de 15 mil anos, mas é renegada por muitos educadores modernos que acham que tudo deve ser negociado com uma paciência de Jó e não se deve nunca confrontar os filhos queridos. É o famoso "limites ou falta de limites", um dos primeiros paradigmas a ser internalizado em uma boa educação planejada.

Nessa fase, a presença e a companhia dos pais como mentores, inspiradores e guardiões dos filhos são muito importantes. Sem dúvida, a melhor forma de educar é estar presente e acompanhar de perto, *pari passu*, a evolução deles. Babá é bom e útil, ajuda muito, mas nunca vai substituir a presença dos pais.

Registro aqui alguns conceitos do psiquiatra Içami Tiba, que muito contribuiu para a educação infantil em nosso país:

Conhecimento

Antigamente, a família e a escola eram centros de referência, mas hoje se aprende de muitas maneiras diferentes, em muitos ambientes. É como se aprendêssemos no ar. Se os pais ou a escola não ensinarem, a criança vai aprender com a tevê, a internet e os colegas. E aprender qualquer coisa, sem orientação, sem guia, é muito pior.

Valores

A falta de valores está na causa de tudo aquilo e a questão dos valores aprende-se, principalmente, em casa. Jovens que não tiveram nenhuma educação em valores vivem e aprendem o que aparece no momento, deixam-se levar por aquilo que é vigente. Quem tem valores sólidos dentro de si é capaz de olhar para uma situação sem ser envolvido por ela, e pode analisá-la e criticá-la.

Impaciência

Eu tenho notado muitos pais tolerando coisas demais, coisas que nem entendem, mas acabam sendo intolerantes com o essencial. A impaciência dos pais gera a impaciência nos filhos e a impaciência é a primeira semente para a pressa. Se a pessoa começa a ter pressa demais, fica irritada e depois fica agressiva. Se ficou agressiva, falta pouco para ficar violenta. Vejo muita gente tentando resolver a violência sem falar em valores. Não vai funcionar. É preciso mexer na semente, e a semente é ensinar valores às nossas crianças.

Idade ideal

A primeira coisa a saber é que não há uma idade ideal para começar a se trabalhar disciplina. Pais que querem filhos disciplinados precisam proporcionar um ritmo básico para eles. Quem não tem ritmo desobedece porque a normalidade para ele é justamente a falta de ordem (TIBA apud FÉLIX, 2015).

Fase 3 - Criança

> "O que uma criança não recebe
> ela raramente poderá oferecer mais tarde."
> **PHYLLIS DOROTHY JAMES**

Quer ser o(a) melhor pai/mãe do mundo? Descubra o dom do seu filho e seja um promotor dele. O que é dom, uma qualidade também conhecida como talento?

Um presente que Deus deu a ele quando estava na fila no céu aguardando para nascer, só isso.

Qual é o maior pecado que os pais podem cometer na educação de seus filhos?

O primeiro é não pesquisar e, assim, não descobrir o dom que eles possuem; o segundo é descobrir o dom e não incentivar seu desenvolvimento.

Clássica frase sobre esta fase: *"let kids be kids"* (deixe as crianças serem crianças). Não trate seus filhos como miniexecutivos, com agendas cheias e missão a ser cumprida todo santo dia.

Quem tiver a sorte de desenvolver uma carreira centrada no seu dom vai ser muito mais feliz e realizado ao longo da vida.

E cuidado! Explore o dom do seu filho, não o seu ou o que você gostaria que ele fosse! Esse é um dos erros mais frequentes na educação dos filhos. Lembre-se de que, nessa fase, o melhor amigo do seu filho compete com você em termos de ligação emocional e referência mais importante para ele. Então trate de acertar e o ganhará para sempre.

Fase 4 - Adolescente

> "O professor disserta sobre ponto difícil do programa.
> Um aluno dorme, cansado das canseiras desta vida.
> O professor vai sacudi-lo?
> Vai repreendê-lo?
> Não.
> O professor baixa a voz,
> Com medo de acordá-lo."
> **CARLOS DRUMMOND DE ANDRADE**

Seja esperto e fique ligado: puberdade é uma questão de tempo. Melhor estar próximo e monitorar do que se surpreender e tentar prolongar a fase anterior tratando a pessoa como uma criança queridinha imberbe quando já não é mais. Quer estragar sua moral com seu filho? Antecipe ou retarde essa fase, e você ficará para trás. Simplesmente evapora a relação de confiança existente entre as partes. Conheço muitos pais que se acham moderninhos e levam o filho para ter a primeira relação sexual monitorada por eles – opção de alto risco com consequências imprevisíveis.

E como se comportar num domingo ensolarado ao deparar-se com um filho dorminhoco que não quer sair da cama? Pois bem, agora vem a grande surpresa para muitos pais. O órgão no corpo que mais tempo requer para se completar é o cérebro.

Estima-se que demora até 20 anos para que sejam concluídas todas as ligações neurais, e o melhor momento para elas acontecerem é justamente quando a criança/adolescente está dormindo, o que ocorre mais intensamente na fase *teenage*, conforme veremos mais adiante. Então, o melhor que você pode fazer é deixar seu filho dormindo e agradecer por seu cérebro estar se programando. Assim, as crises de mau humor de ambas as partes diminuem significativamente. Não o acorde, deixe a natureza programar o *software* dele no tempo necessário.

Lembre-se de que, nessa fase, a turma de amigos – e não você – é a ligação emocional mais importante e a referência do certo e do errado. Não confronte. Aceite o silêncio do seu filho e não o pressione com muitas perguntas. Saia da linha do tiroteio e o deixe descarregar a sua espingarda – só entre no circuito quando ela já estiver sem balas no cartucho. Aja com voz maneirada de sábio, em tom baixo, sem gritos e berros.

Clássicas frases sobre esta fase: "meu filho agora só dorme" ou "está na fase do contra, do silêncio, nem consigo mais me comunicar com ele".

Fase 5 - *Teenage*

"A juventude sabe o que não quer antes de saber o que quer."
JEAN COCTEAU

Esteja próximo, pois aqui reside o primeiro grande perigo! A primeira experiência sexual frustrada ou, pior, uma gravidez não desejada. Forçar uma intimidade que não vem naturalmente somente piora as coisas. Nessa fase, você vai ter de usar o melhor da sua inteligência emocional para lidar com a situação. Não hesite em procurar orientação de experts na área, pois seus pimpolhos nem sempre vão escutá-lo bem! Colocar camisinha na carteira deles sem antes ter um bom papo nem pensar!

Se aparecer um(a) namorado(a), não o(a) receba com sete pedras na mão. Tampouco fique superamiguinho, pois será interpretado como sinal verde para avançar e cruzar a linha. Nessas horas, é melhor e mais prudente ser respeitado e temido do que ser o amiguinho simpático e desrespeitado. E cuidado com alpinistas sociais, que estão sempre como tubarões à espera da caça.

Fase 6 - Jovem

"Há duas formas de enfrentar dificuldades: alterá-las ou alterar sua forma de enfrentá-las."
PHYLLIS BOTTOME

Essa fase começa para todos na mesma data, hora e minuto, quando seu filho alcança a maioridade. Agora, de repente, ele pode dirigir e beber à vontade. O maior anseio chama-se liberdade de ir e vir, principalmente durante os fins de semana, e sua vida pode mudar consideravelmente por não mais contar com a companhia assegurada dele aos sábados e domingos. Maior dica da vida: *não se preocupe, ocupe-se*. Preocupe é uma palavra formada por *pre* + *ocupe*. Ou seja, ocupado antes da hora!

De que adianta gastar toda sua energia na "pré-ocupação"? Se um dia acontecer uma daquelas grandes complicações inesperadas, tendo-se preocupado muito antes, você não vai ter mais energia para consertá-la! Poupe e gaste sua energia na hora do conserto, e não antecipadamente. Simples assim.

Nada é irreparável ou irreversível na juventude. Portanto, o pior erro que você pode cometer quando é jovem é desistir de si mesmo ou não deixar de se desafiar por medo de um possível fracasso.

Nunca eduque seus filhos para serem ricos. Eduque-os para serem felizes, assim eles aprenderão o valor, e não o preço das coisas.

Fase 7 - Jovem adulto

"Freios são necessários para nosso equilíbrio."
JOÃO UBALDO RIBEIRO

Essa fase começa quando seu filho entra na faculdade. Agora é a fase da farra, da turma, sem muita responsabilidade, com o corpo alcançando o período mais formoso. Época de caça e aventura, sem avaliar muito as consequências. Mesada certa passa a ser um tema muito importante e deve ser negociada entre as partes. Dar em excesso ou menos que a média do grupo de referência deve ser muito bem avaliado. Alternativas profissionais, como ser professor particular, *freelancer* ou programador, são ótimas, porque ensinam na prática o valor das coisas.

A noite passa a ser tão importante quanto o dia, e ambos devem ser foco das atenções dos pais. Um aviso por mensagem que chega em casa no meio da madrugada ajuda muito na qualidade de sono.

A vida é para quem sabe viver, mas ninguém nasce pronto. Ela é boa para quem é corajoso o suficiente para arriscar e humilde o bastante para sempre querer aprender, independentemente da idade.

Mais impactante que formar filhos e vê-los partir é deixar de formá-los e vê-los permanecer, estacionar.

Fase 8 - Odisseia 1

"Não tenha medo de pensar diferente dos outros. Tenha medo de pensar igual e descobrir que todos estão errados."
EÇA DE QUEIROZ

Um fenômeno pouco conhecido está brotando na sociedade, denominado por psicólogos americanos de "Odisseia". É quando, recém-formado na faculdade, cai a ficha do jovem sobre a realidade do mercado profissional e ele fica assustado com as dificuldades de encaminhar as coisas de acordo com seus sonhos e entra numa intensa crise existencial. De repente questiona se deve mudar de país, de profissão, de cidade.

Esse é um período em que os pais devem dar muito apoio, suporte e atenção, porque é um dos mais cruciais na carreira dos filhos. Quando as dificuldades no jogo da vida aumentam, significa que passamos de fase. Esse se torna o momento estratégico, que pode dar o rumo assertivo ou não na carreira pessoal e profissional do seu filho.

A melhor pergunta para fazer a si mesmo é: qual é a motivação mais profunda do meu ser? Qual é minha paixão? O que amo? Em outras palavras, pense nos questionamentos de Warren Buffet, presidente e principal acionista da companhia Berkshire Hathaway, fundada na década de 1960, a qual tem participações, atualmente, em dezenas de empresas, entre as quais vale citar: Apple, Coca-Cola, Kraft-Heinz e Visa. Ele pergunta: o que você faria se não precisasse de dinheiro? Onde você gastaria seu tempo, seu foco e sua energia? Ou seja, qual seria seu propósito de vida?

Na hipótese de você ter o dom do olho do empreendedor, aquele que enxerga oportunidades onde outros veem problemas, a pergunta mais importante passa a ser: do que o mundo precisa?

Fase 9 - Adulto

"Dê a um homem tudo o que ele deseja, e ele, apesar disso, naquele mesmo momento, sentirá que esse tudo não é tudo."
IMMANUEL KANT

Essa será com certeza a fase mais longa e prolongada da vida, a fase do adulto pra valer. Haverá o desafio profissional, o da escolha do parceiro, o da formação da família e do lar. É geralmente nessa fase que se define a altura e a envergadura do plano de voo da vida. O ponto crítico aqui é o gerenciamento do tempo, pois, para cumprir todos os compromissos, o dia deveria ter umas 40 horas no mínimo.

Toda pessoa precisa aprender a dizer **não** a muitas coisas e focar nas prioridades certas. Seja como a águia: ouse! Faça coisas diferentes e voe por cima dos obstáculos.

Observo duas atitudes frequentes na passagem dos 40-45 anos, e diametralmente opostas:

- a da arrogância, quando a pessoa, pelo sucesso acumulado, se acha o máximo, escuta pouco e resolve partir para um novo desafio;
- a da crise, quando a pessoa questiona o sucesso alcançado até então e entra numa crise existencial, a conhecida crise da meia-idade.

O frequente nessa etapa é questionar o lado profissional e o pessoal. E assim passamos para a fase seguinte, que chamo de Odisseia 2.

Fase 10 - Odisseia 2

"Às vezes, o coração, rasgado pela dor, vira retalhos. Recomenda-se, nestes casos, costurá-lo com uma linha chamada Recomeço. É o suficiente."

CORA CORALINA

Essa fase é novamente um ponto de crise ou de questionamento, acionada por dois gatilhos diferentes: você é demitido/encerra seu negócio próprio ou joga a toalha e decide se reinventar e capitaliza em cima do seu *know-how* e *know-who*. E agora vai atrás daquilo que o faz feliz. Pode, por exemplo, querer abrir uma pousada numa praia solitária no Nordeste ou trocar de par.

Antigamente, a pessoa costumava se aposentar nessa fase, mas agora ela prossegue com um novo foco: a realização pessoal. Um dos pontos mais importantes do empreendedorismo é sonhar e, consequentemente, amar o que se faz.

Duas boas perguntas que devem ser consideradas nesse momento:

- O que sei fazer bem?
- O que pagam bem para eu fazer?

Não há limite para o crescimento e o desenvolvimento humanos. Portanto, essa é a melhor fase da vida para enfrentar novos desafios e se tornar a melhor versão de si mesmo.

Importante é viver com ousadia, sem medo de falhar e com eterno espírito jovem.

Fase 11 - Maduro

"Ninguém fica velho apenas por viver um certo número de anos; as pessoas ficam velhas somente desertando de seus ideais... Tu és tão jovem quanto a tua fé, tão jovem quanto a tua autoconfiança, tão jovem quanto a tua esperança."

DAISAKU IKEDA

Nessa fase, o foco se volta novamente para os verbos fazer e realizar, mas agora com estilo e classe, sem atropelamentos. Você, com experiência e calma, edifica o sonho da vida empresarial que sempre quis realizar, seja como empreendedor, consultor ou membro de conselho de empresas. É o momento em que você concentra toda sua boa energia na sua grande realização profissional.

Você sabe que está no caminho certo quando perde o interesse de olhar para trás. O segredo da mudança está em focar toda a energia para construir o novo, e não brigar com o velho.

Fase 12 - *Bon vivant*

"O melhor lugar é onde estamos, o melhor momento é o presente, a melhor companhia é a consciência tranquila e a melhor fortuna é a paz de espírito interna.
[...]
Já não tenho paciência para algumas coisas, não porque tenha me tenha tornado arrogante, mas simplesmente porque não aceito perder mais tempo com aquilo que me desagrada ou fere. Perdi a vontade de agradar quem não me agrada, de amar quem não me ama."

MERYL STREEP

Essa é, sem dúvida, uma das melhores fases da vida. Filhos criados, parceiro consolidado ou trocado por um melhor e foco naquilo que dá prazer dentro de uma ocupação do tempo bem administrado, que permite combinar lazer com paz de espírito. E você ainda ganha como bônus pagar meia-entrada no cinema e ter vaga disponível no estacionamento do shopping, além de brincar com os netinhos sem precisar criar e educar ninguém. Acredito serem estes os novos tempos dourados, que antigamente correspondiam aos meus 21 anos.

Fase 13 - Aposentado

> "O auge do sucesso é o luxo de dar-se a si mesmo tempo para se fazer o que se quer."
> **LEONTYNE PRICE**

Essa fase se caracteriza pelo momento em que você já completou seu ciclo profissional e poupou o suficiente para ter uma vida mais tranquila.

Dependendo de como planejou seu futuro, de quanto teve possibilidade de investir, você pode fazer aquilo com que sonhou a vida toda. Viajar, por exemplo. Ou então usufruir de bons momentos com os amigos verdadeiros de uma vida toda ou recém-conquistados. Ou, ainda, ler todas aquelas obras que você reservou para quando tivesse mais tempo.

Dependendo de como viveu as fases anteriores, você está na plenitude da vida. Porque paz interna é algo que não se compra, e sim algo que se conquista.

Muitos idosos solteiros encontraram uma nova maneira de ter parceiros: convivem em muitas situações, estão juntos, mas moram separados (LAP – *living apart together*).

Para prevenir que uma ligação romântica tardia se torne um problema, muitos casais estão optando por um compromisso sem dividir o mesmo teto, evitando o risco de um deles, em vez de usufruir de uma relação amorosa, se transformar em cuidador(a) tempo integral.

Fase 14 - Idoso

"Deixem-me envelhecer, aceitar a velhice com suas mazelas, e ter a certeza de que minha luta não foi em vão: teve um sentido. Quero envelhecer sem temer a morte e ter medo da despedida, acreditando que a velhice é o retorno de uma viagem, não é o fim. Quero dar um sentido ao meu viver, ter serenidade, um sono tranquilo e andar de cabeça erguida, fazendo somente o que eu gosto, com a sensação de liberdade, sendo uma velha consciente e feliz!!!"

CONCITA WEBER

Essa fase inicia-se quando a bateria interna do seu corpo começa a falhar e seu nível de energia vai diminuindo a ponto de você acabar preferindo ficar em casa recolhido, lendo, meditando, curtindo a natureza, passeando, se isolando de pessoas e curtindo uma vida mais reclusa.

É muito importante entender a diferença entre solitude e solidão. Alguns acabam entrando num estado de contínua melancolia, pois percebem seu mundo cada vez mais se encolhendo e se sentem incapazes de reverter o quadro.

Registro o texto do qual tirei a epígrafe para apresentar essa fase:

DEIXEM-ME ENVELHECER

Deixem-me envelhecer sem compromissos e cobranças, sem a obrigação de parecer jovem e ser bonita para alguém. Quero ao meu lado quem me entenda e me ame como eu sou. Um amor para dividirmos tropeços desta nossa última jornada. Quero envelhecer com dignidade, com sabedoria e esperança. Amar minha vida, agradecer pelos dias que ainda me restam. Eu não quero perder meu tempo precioso com aventuras, paixões perniciosas que nada acrescentam e nada valem.

Deixem-me envelhecer com sanidade e discernimento, com a certeza de que cumpri meus deveres e minha missão. Quero aproveitar essa paz merecida para descansar e refletir. Ter amigos para compartilharmos experiências, conhecimentos. Quero envelhecer sem temer as rugas e meus cabelos brancos, sem frustrações, terminar a etapa final desta minha existência. Não quero me deixar levar por aparências e vaidades bobas, nem me envolver com relações que vão me fazer infeliz.

Deixem-me envelhecer, aceitar a velhice com suas mazelas, e ter a certeza de que minha luta não foi em vão: teve um sentido. Quero envelhecer sem temer a morte e ter medo da despedida, acreditando que a velhice é o retorno de uma viagem, não é o fim. Quero dar um sentido ao meu viver, ter serenidade, um sono tranquilo e andar de cabeça erguida, fazendo somente o que eu gosto, com a sensação de liberdade, sendo uma velha consciente e feliz!!! (WEBER, 2014).

Fase 15 - Longevo

"É um paradoxo que a ideia de ter vida longa agrade a todos, e a ideia de envelhecer não agrade a ninguém."
ANDY ROONEY

Essa fase inicia quando a saúde mental e/ou a física começam a ficar debilitadas justamente por causa da idade, e as restrições de mobilidade impedem uma vida com qualidade, levando a pessoa a passar a maior parte do tempo sentada ou deitada, sem vontade de fazer nada. Calor humano nessas horas é fundamental, principalmente de parentes mais jovens que possam energizar um pouco o ambiente.

Provavelmente, nessa etapa, a pessoa tem noras, genros, netos, bisnetos, muitos sobrinhos que podem acolhê-la, dar-lhe uma palavra de conforto, fazer-lhe recordar de bons momentos e proporcionar-lhe horas agradáveis.

SABER VIVER

Não sei... Se a vida é curta
Ou longa demais pra nós,
Mas sei que nada do que vivemos
Tem sentido, se não tocamos o coração
das pessoas.
Muitas vezes basta ser:
Colo que acolhe,
Braço que envolve,
Palavra que conforta,

> Silêncio que respeita,
> Alegria que contagia,
> Lágrima que corre,
> Olhar que acaricia,
> Desejo que sacia,
> Amor que promove.
> E isso não é coisa de outro mundo,
> É o que dá sentido à vida.
> É o que faz com que ela
> Não seja nem curta,
> Nem longa demais,
> Mas que seja intensa,
> Verdadeira, pura... Enquanto dura.
>
> (AUTOR DESCONHECIDO apud AIDAR, s. d.)

Para que a vida seja bela e intensa, nada como vivê-la como um presente, no presente.

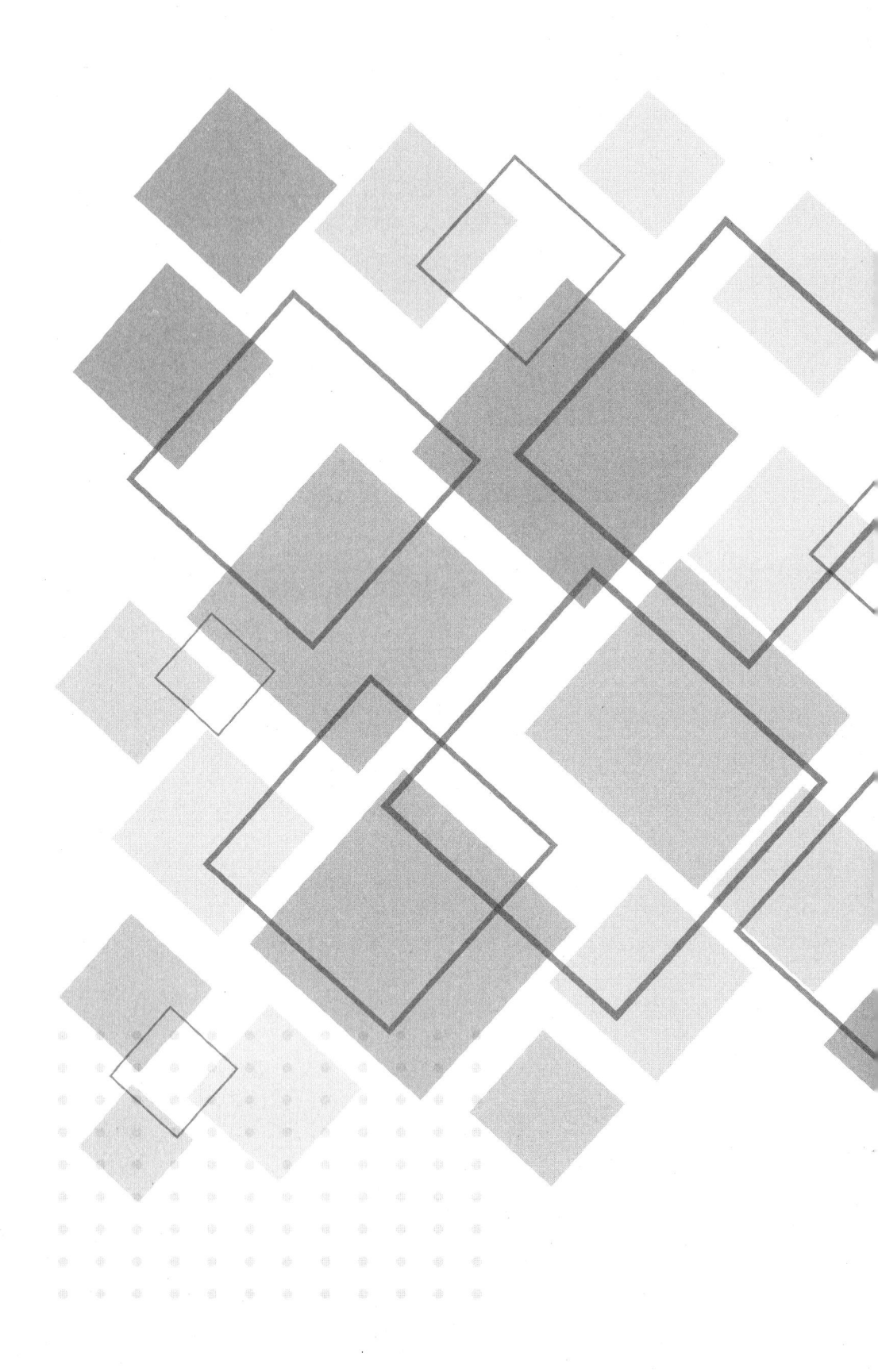

A VIDA É O PRESENTE

DR. DEEPAK CHOPRA

"Criar o paraíso talvez não seja nada mais nada menos do que viver no presente, gozando a felicidade que existe tanto agora como na eternidade, mas quem consegue isso? As fronteiras dentro das quais a mente vive são invariavelmente construídas com material do passado. É da dor de ontem que estou me defendendo hoje, é da glória de ontem que quero reviver, é um amor há muito perdido que quero recuperar. E o que exerce esse poder enorme sobre nós é o intelecto, um ativo construtor de fronteiras, a parte da mente que julga e classifica nossas experiências."

NÃO TEMOS O HÁBITO, MAS DEVERÍAMOS agradecer pela vida todos os dias. Porque ela é um presente e deve ser intensamente vivida no presente. Claro que trazemos todas as marcas do passado, bem como sonhamos com um futuro cada vez melhor, se não para nós mesmos, mas para nossos filhos, nossos netos, nosso país, a humanidade. Contudo, muitas vezes deixamos de viver o agora porque estamos presos ao que já aconteceu ou por nos preocuparmos demasiadamente com o que pode acontecer. E nem sabemos se estaremos vivos para o futuro se realizar.

Nosso presente, qualquer que seja a realidade, é feito de acontecimentos a nosso redor e ao redor do mundo; de experiências próprias e alheias; de pessoas que querem trocar seus pontos de vista conosco. E, acima de tudo, do que a natureza nos oferece sem nos pedir nada em troca: o sol brilhando num céu intensamente azul ou escondido nas nuvens que nos trarão a esperada chuva nestes tempos de aquecimento global; as flores que pipocam aqui e acolá, colorindo e perfumando o nosso espaço; os pássaros que nos acordam com seu canto e voam no infinito, mesmo das grandes cidades poluídas até visualmente. Agora, pense:

- Quantas vezes você olha para o céu durante o dia?
- Quantas vezes repara na beleza de uma flor?
- Quantas vezes olha para um morador de rua como uma pessoa igual a você em tudo, mas que não teve a oportunidade de ser quem você é?

- Quantas vezes você pratica a compaixão?
- Quantas vezes conversa consigo mesmo ou medita por alguns minutos?
- Quantas vezes abandona seu discurso sobre o engarrafamento do trânsito e opta por deixar seu carro na garagem para fazer o trajeto a pé ou de transporte coletivo?
- Quantas vezes por semana você caminha pelo parque da sua cidade ou pelo menos por algumas ruas arborizadas?
- Quantas vezes você se utiliza de expressões educadas e gentis, como "bom dia", "por favor", "com licença", "muito obrigado", "até logo" e "passe bem"?
- Quantas vezes sorri para quem se aproxima de você?
- Quantas vezes você agradece pela sua saúde, pela facilidade que tem para respirar, para falar, para ouvir?
- Quantas vezes você se deu conta de que viver é um privilégio?

Eu mudei muito minha forma de ver a vida depois que passei pela experiência de morte duas vezes.

Nasci no ano de 1950, filho de pais de cultura alemã e cristão luterano. Nesse ambiente em que vivi, a disciplina, a lógica, a retidão, o certo e o mérito são muito valorizados. Somente na fase adulta, vivendo sozinho, aprendi o valor da relatividade das coisas e dos conceitos. Tive consciência de que quase nada na vida, de fato, pode e deve ser considerado isso ou aquilo, certo ou errado. Tudo é relativo e depende da lente que você usa ou como alimenta um relacionamento com outras pessoas.

O teólogo e escritor Leonardo Boff, ao escrever sobre leitura em seu livro A *águia e a galinha*, diz, com outras palavras, o que estou afirmando:

> Todo ponto de vista é a vista de um ponto. Para entender como alguém lê é necessário saber como são seus olhos e qual é sua visão de mundo. Isso faz da leitura sempre uma releitura. A cabeça pensa a partir de onde os pés pisam. Para compreender é essencial conhecer o lugar social de quem olha. Vale dizer: como alguém vive, com quem convive, que experiências tem, em que trabalha, que desejos alimenta, como assume os dramas da vida e da morte e que esperanças o animam. Isso faz da compreensão sempre uma interpretação. Sendo assim, fica evidente que cada leitor é coautor. Porque cada um lê e relê com os olhos que tem. Porque compreende e interpreta a partir do mundo que habita (BOFF, 2014, p. 13).

Por esse pequeno trecho, fica evidente que cada pessoa, pelas experiências que viveu, tem uma forma diferente de entender e interpretar o mundo, já que a leitura não precisa ser necessariamente aquela só do código escrito, mas também a que se faz pela observação.

Uma das minhas grandes paixões é agregar pessoas, focado sempre em reunir aquelas interessantes e interessadas, quando, acredito, se forma a química certa da atração entre os seres humanos.

Assim, fundei uma plataforma denominada Oval Table Forum, que congrega atualmente 750 membros e reúne a mais variada diversidade possível, e a primeira lição que se aprende dessa experiência é que, quando convivemos com pessoas melhores que nós, diversas e diferentes, crescemos em todas as direções, em especial em nossa mente e visão de mundo.

O destino me reservou duas vezes a experiência de confrontar a finitude iminente[2]. A primeira foi quando eu tinha 52 anos e caí de uma cachoeira de 14 metros de altura, o que resultou em parada cardíaca e respiratória por longos 10 mi-

---

[2] Se quiser conhecer o que ocorre nos primeiros minutos após a Morte, veja a entrevista que dei para um canal do YouTube: *Inteligência Espiritual com George Niemeyer*

nutos e fui tecnicamente declarado falecido pela junta médica que me assistia. Nesse dia, vivenciei a transformação de minha alma se convertendo em um espírito, saindo do meu corpo, e comecei a passagem para outra dimensão. Mas em seguida o coração voltou a bater e retornei à vida. A segunda foi devido à covid-19, em 2021, quando tive uma taquicardia, fiquei impedido de respirar, e achei que tinha chegado minha hora. Nesse momento, senti uma paz muito grande, conversei com Deus, agradeci por tudo que havia vivido aqui e depois adormeci.

Hoje me considero um abençoado pelo Senhor. Foi Ele quem me proporcionou uma terceira oportunidade para continuar minha jornada de vida no planeta Terra e compartilhar todo esse aprendizado e conhecimento com você.

Essas duas experiências com certeza foram as mais impactantes e transformadoras que experimentei em toda minha vida, e os principais ensinamentos que tive foram:

- O tempo é um recurso escasso. Defina um propósito de vida e gaste-o somente em atividades alinhadas a ele.
- Toda vez que for solicitado a fazer alguma coisa ou gastar seu tempo em algo que não está alinhado com esse seu propósito, diga "não".
- Descarregue as pedras que estiver carregando na sua mochila e leve uma vida mais livre, leve e solta, sem se preocupar com o que os outros pensam sobre você.
- Agregue e cultue somente pessoas que torcem por você, e se distancie das demais.
- Num momento de aparente escuridão e finitude, sempre é possível enxergar a luz.
- Cuide bem de seu corpo, sua mente e sua alma, porque são eles que o acompanharão por toda a sua jornada. Não abra mão disso por nada.

Para finalizar essas considerações sobre o presente da vida, quero lembrar que uma vida bem vivida acontece no silêncio do diálogo entre você e sua alma. Não há necessidade de mostrar troféus ou medalhas de conquistas a terceiros, basta ter um genuíno sentimento de gratidão a Deus pelo maior presente que você recebeu: sua Vida. Desfrute-a com felicidade.

Essa é, sem dúvida alguma, a melhor métrica para avaliar o seu sucesso, se você está vivendo inteligentemente, e se sua vida está merecendo ser vivida.

E, por falar em vida inteligente, vamos aprofundar o assunto.

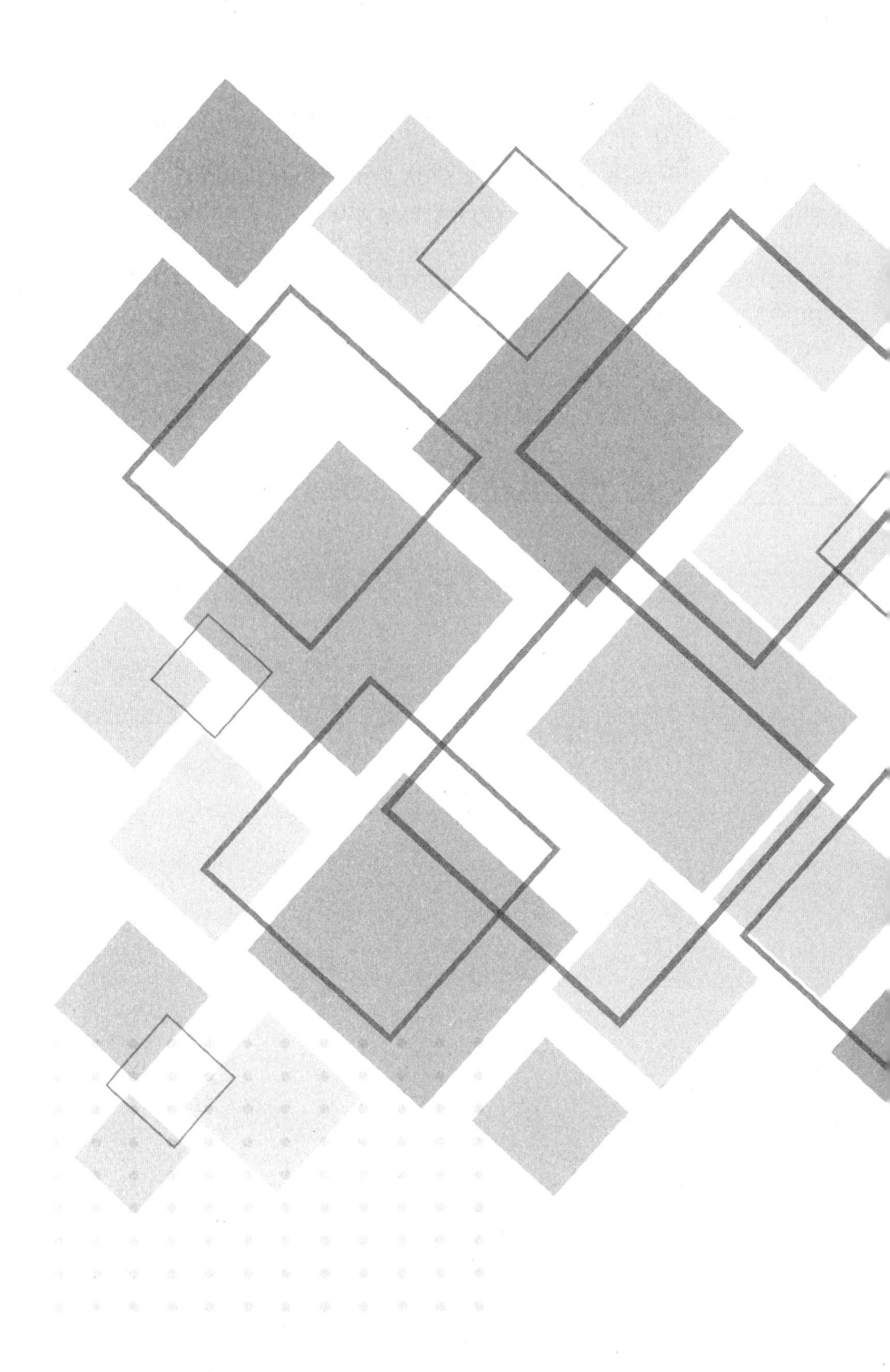

As 5 inteligências do ser humano

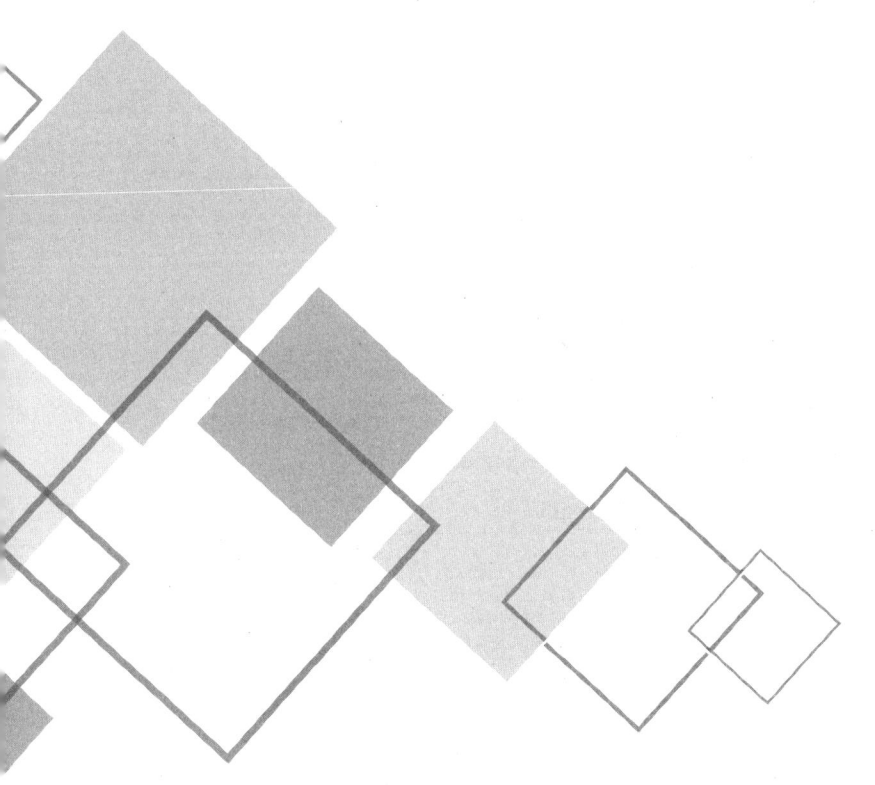

MIHAIL RALEA

"O homem inteligente é o que nunca confunde os pontos de vista."

Entendo a inteligência humana como sendo composta de cinco dimensões, todas independentes entre si, ou seja, uma pessoa pode ter uma e não necessariamente a outra. O melhor dos mundos acontece quando elas são aprendidas e acumuladas no transcorrer da vida.

A inteligência vai muito além de testes e da capacidade de resolver equações complexas. Ela é também saber lidar com as emoções, sentir e ler o ambiente, lidar com a energia das pessoas, conviver em sociedade, construir relações de qualidade, buscar sentido no que fazemos e ter os valores como guias.

As dimensões da inteligência são, sem dúvida, capacitações complementares, cada uma com sua beleza e seu imenso valor. Essa união pode nos proporcionar ferramentas valiosíssimas, impulsionando a sociedade e a evolução, como indivíduos e espécie, tornando-nos seres humanos completos.

São elas:

1. **Inteligência racional** – refere-se a como pensamos.
2. **Inteligência emocional** – refere-se ao que sentimos.
3. **Inteligência sensitiva** – refere-se ao que percebemos.
4. **Inteligência paranormal** – refere-se ao que imaginamos.
5. **Inteligência espiritual** – refere-se ao que somos.

Veja as características de cada uma e como elas contribuem para a sua vida.

Inteligência racional

> "A lógica pode levar de um ponto A a um ponto B.
> A imaginação pode levar a qualquer lugar.
> A imaginação é mais importante que o conhecimento."
>
> **ALBERT EINSTEIN**

A inteligência racional refere-se à capacidade de ligar causa a efeito, entender como as coisas acontecem e se relacionam. É uma capacitação fundamental na fase de estudante e o principal *driver* nos primeiros 25 anos de sua existência. Eu diria que é um dos pilares sobre o qual você constrói sua vida, e suspeito que muito dela seja genético e levemente influenciado pelo meio ambiente.

É identificada pelo famoso QI (quociente de inteligência), cujos índices vão de menos de 100 (fraco) a acima de 150 (gênio).

Mas pergunte-se: será a inteligência racional a melhor forma de resolver seus problemas ou definir suas estratégias pessoais? Para isso, lembre-se sempre das famosas frases de Albert Einstein mencionadas.

Inteligência emocional

> "A primeira oportunidade para moldar os ingredientes da inteligência emocional ocorre nos primeiros anos, embora essas aptidões continuem a formar-se por todos os anos de escola. As aptidões emocionais que as crianças adquirem na vida posterior formam-se em cima dessas dos primeiros anos."
>
> **DANIEL GOLEMAN**

A inteligência emocional refere-se à capacidade de se relacionar bem com as pessoas, saber ouvir, ser agradável, impressionar, ser um vendedor de si mesmo para a sociedade. Em essência: um marqueteiro preocupado com a embalagem e com seu conteúdo, sempre bem afiado e atualizado, mostrando valor em qualquer lugar. Um sedutor de ideias e de pessoas, um agregador que aproxima pessoas, identificado pelo QE (quociente emocional), sem quantificação numérica por enquanto. Eu diria que é um dos pilares para se sair bem tanto na área profissional quanto na social.

O quociente emocional valoriza o pensamento associativo, a capacidade de mapear o ambiente e o direcionamento dos comportamentos e das emoções. Assim, a inteligência emocional nos permite julgar as diferentes situações e a melhor forma de agir. É um componente essencial para construirmos relações de qualidade, pessoal e profissionalmente, além de ser a chave do sucesso em muitas trilhas de carreira.

Quando diante de um confronto, sempre se coloque no lugar do outro. Tente entender como ele enxerga a situação – a total compreensão do caso depende de qual lente você usa para observar os fatos.

Inteligência sensitiva

"De nada vale o brilho da inteligência se o coração permanece às escuras."
ADOLFO BEZERRA DE MENEZES

"Conheça todas as teorias, domine todas as técnicas, mas, ao tocar uma alma humana, seja apenas outra alma humana."
CARL JUNG

Por inteligência sensitiva entende-se a capacidade de sentir a energia das pessoas, ler a aura ao redor delas e rapidamente internalizar que uma pessoa que chega em sua direção é portadora de energia positiva. Ou, ainda, de captar que ela vem com falsa energia positiva ou mesmo até negativa, que suga a sua para o bem dela. Conhece o falso amigo que simula torcer e, na verdade, pelas costas, fala mal de você?

Essa capacidade é fundamental no mundo pessoal, bem como no empresarial, para evitar relacionamento com pessoas erradas e fazer união ou negócios que desmoronam com o tempo porque suas frequências energéticas não combinam entre si.

Acredito que, para muitos, como é o meu caso, isso é um *dom*. Nasci com essa capacidade, talvez herdada de um ancestral. Ela é tão forte para mim, que, ao longo da vida, recebi convites das quatro maiores empresas de recrutamento de São Paulo para trabalhar como *headhunter*, mas nunca me empolguei para tanto. E, além do mais, já aproximei e promovi casamentos de cinco amigos separados, ou filhos de amigos, por ter exercido o *matchmaking* entre pessoas de forma voluntária, pelo simples fato de identificar almas que se combinam.

Se pudéssemos olhar para o coração um do outro e compreender os desafios únicos que cada um de nós enfrenta, acho que nos trataríamos mais suavemente, com mais amor, paciência, tolerância e cuidado. Procure dar a cada pessoa a mesma importância que ela lhe dá.

Suspeito que, com cursos especializados, que nunca fiz, seja possível aprimorar essa capacidade.

Inteligência paranormal

"As coisas somente acontecem quando as estrelas se alinham."
GEORGE NIEMEYER

A capacidade de prever ou influenciar eventos pelo poder do pensamento positivo ou negativo pode também ser chamada de inteligência paranormal. Pessoalmente, sou iniciante nessa área, com exceção do nicho em relação ao poder da sincronicidade, dimensão que conheci recentemente e que pratico de forma intensa. Em razão dela, formulei a frase mencionada.

Tendo formação em Engenharia pela Escola Politécnica da USP, onde fiz o curso todo de graduação, e mestrado em Administração pela Columbia University, parece até um contrassenso contar que mudei radicalmente meu jeito de pensar ao fazer negócios. Antes eu batalhava como louco para fechar um negócio; hoje aguardo e espero as coisas acontecerem, porque acredito na força da energia positiva. Digo a mim mesmo: se for para acontecer é porque vai acontecer. E espero pelo momento certo.

A lei do retorno afirma que tudo de bom que desejamos ou praticamos aos outros retorna para nós em forma de energia positiva.

"*O que há de vir virá. O que tiver de ser será. O que Deus tem para a gente chegará e nada nem ninguém impedirá.*"

Tudo o que acontece na sua vida é você que atrai. É fruto do que você pensa. Observe o que está passando pela sua mente. Você está atraindo isso tudo.

É possível mudar sua energia seguindo alguns passos:

1. Pense sempre de forma positiva. Toda vez que um pensamento negativo vier à sua cabeça, troque-o por outro! Para isso, é preciso muita disciplina mental. Não é possível adquirir essa capacidade do dia para a noite. Assim como um atleta, é preciso treinar muito.

2. Não tenha medo de nada nem de ninguém. O medo é uma das maiores causas de nossas perturbações interiores. Tenha fé em você mesmo. Sentir medo é acreditar que os outros são poderosos. Não dê poder ao próximo.

3. Não se queixe. Quando reclama, tal qual um ímã, você atrai para si toda a carga negativa de suas próprias palavras. A maioria das coisas que acabam dando errado começa a se materializar quando nos lamentamos.

4. Risque a palavra "culpa" do seu dicionário. Não se permita essa sensação, pois, quando nos punimos, abrimos nossa retaguarda para vibrações negativas, que vibram com nossa melancolia. Ignore-as.

5. Não deixe que interferências externas tumultuem seu cotidiano. Livre-se de fofocas, comentários maldosos e gente deprimida. Isso é contagioso. Seja prestativo com quem é prestativo. Sintonize-se com gente positiva e de alto-astral.

6. Não se aborreça com facilidade nem dê importância às pequenas coisas. Quando nos irritamos, envenenamos nosso corpo e nossa mente. Procure conviver com serenidade e, quando tiver vontade de explodir, conte até dez.

7. Viva o presente. O ansioso vive no futuro; o rancoroso, no passado. Aproveite o aqui e agora. Nada se repete, tudo passa. Faça o seu dia valer a pena. Não perca tempo com melindres e preocupações, pois só trazem doenças.

Agindo de acordo com essas dicas, você terá mais energia e vitalidade. Também acredito que, por cursos especializados, seja possível aprimorar esta capacidade.

Inteligência espiritual

"A pessoa espiritualmente inteligente está
interessada em conhecer a si mesma.
Tudo é parte de um todo perfeito; e tudo o que
você faz, diz, pensa e sente também faz parte do todo.
Portanto, não se imponha limites, mas sinta-se
expandir cada vez mais, assimilando tudo.
Você nunca atingirá os limites, porque não
existem limites. Continue a esticar sua consciência.
Onde está seu espírito de aventura, que lhe
permite penetrar no desconhecido sem temor,
cheio de expectativa e esperança?
Você não pode esperar crescer espiritualmente
se continuar a fazer sempre as mesmas coisas,
entra dia, sai dia. Você precisa querer
seguir em frente, e receberá todo tipo de ajuda
quando tomar essa decisão.
O primeiro passo é sempre seu. NÃO perca
tempo e vá em frente, e veja milagre após
MILAGRE acontecendo em sua VIDA."

EILLEEN CADDY

A epígrafe diz muito sobre a inteligência espiritual, que é a capacidade de se conectar com seu interior, ouvi-lo e pilotar sua jornada não mais somente pelo seu cérebro ou seu coração, mas sim pela sua alma, pelo seu ser.

A inteligência espiritual está relacionada com nossa necessidade de encontrar um significado para a vida, um propósito. Ela norteia nossas ações e soluções de problemas com base em nossas crenças e valores éticos, nos impulsiona.

Curiosamente, essa capacidade de buscar um sentido maior nos torna mais criativos, aumenta nossos horizontes e nossa capacidade de *insights*. Seu poder é transformador. As palavras que utilizamos e os pensamentos que mentalizamos se tornam a casa em que vivemos. Busque e selecione aquilo que o faz se sentir bem.

O fato de eu estar aqui, escrevendo este livro, depois das duas experiências que vivi, é a prova de que quem comanda meu destino agora não é mais meu cérebro ou meu coração, mas sim minha alma.

Elas me trouxeram um grande aprendizado para a continuação da minha jornada na Terra, bem como a redefinição de meus objetivos e de meu propósito de vida. Por causa delas, como já disse, comecei a refletir sobre o legado que deveria deixar em termos de vivência para outras gerações, e comecei a escrever este livro. Quero deixar registrado o que penso e o que pensam tantas outras pessoas que transmitiram seu ponto de vista em livros.

Finalizo essas considerações sobre a inteligência espiritual com o que pensa o teólogo e escritor Leonardo Boff a respeito de mudanças interiores. Ele fez essas considerações a partir dos conceitos de espiritualidade e religião apresentados pelo Dalai-Lama.

ESPIRITUALIDADE: A MUDANÇA INTERIOR

Afinal, o que é espiritualidade?

Uma vez fizeram esta pergunta ao Dalai-Lama e ele deu uma resposta extremamente simples: "Espiritualidade é aquilo que produz no ser humano uma mudança interior".

Não entendendo direito, alguém perguntou novamente:

– Mas se eu praticar a religião e observar as tradições, isso não é espiritualidade?

O Dalai-Lama respondeu:

– Pode ser espiritualidade, mas, se não produzir em você uma transformação, não é espiritualidade.

E acrescentou:

– Um cobertor que não aquece deixa de ser cobertor.

Então atalhou a pessoa:

– A espiritualidade muda ou é sempre a mesma coisa?

E o Dalai-Lama falou:

– Como diziam os antigos, os tempos mudam e as pessoas mudam com eles. O que ontem foi espiritualidade hoje não precisa mais ser. O que em geral se chama espiritualidade é apenas lembrança de antigos caminhos e métodos religiosos.

E arrematou:

– O manto deve ser cortado para se ajustar aos homens. Não são os homens que devem ser cortados para se ajustar ao manto.

Parece-me que o principal a ser retido deste diálogo com o Dalai-Lama é que espiritualidade é *aquilo que produz dentro de nós uma mudança*. O ser humano é um ser de mudanças, pois nunca está pronto, está sempre se fazendo, física, psíquica, social e culturalmente.

Mas há mudanças e mudanças. Há mudanças que não transformam nossa estrutura de base. São superficiais e exteriores, ou meramente quantitativas. Mas há mudanças que são interiores. São verdadeiras transformações alquímicas, capazes de dar um sentimento à vida ou de abrir novos campos de experiência e de profundidade rumo ao próprio coração e ao mistério de todas as coisas.

[...]

Por isso torna-se importante [...] introduzir uma distinção – não separar, mas distinguir – entre religião e espiritualidade.

[...]

Usamos esses termos sem saber ao certo o que significam. Nunca vi alguém abordar com tanta clareza e convicção esses temas como o Dalai-Lama. Permito-me citar um tópico que dispensa uma reflexão minha, pois assumo a mesma posição que ele:

"Julgo que *religião* esteja relacionada com a crença no direito de salvação pregada por qualquer tradição de fé, crença esta que tem como um dos seus principais aspectos a aceitação de alguma forma de realidade metafísica e sobrenatural, incluindo possivelmente uma ideia de paraíso ou nirvana. Associados a isso estão ensinamentos ou dogmas religiosos, rituais, orações e assim por diante. Considero que espiritualidade esteja relacionada com aquelas qualidades do espírito humano – tais como amor e compaixão, paciência e tolerância, capacidade de perdoar, contentamento, noção de responsabilidade, noção de harmonia – que trazem felicidade tanto para a própria pessoa quanto para os outros. Ritual e oração, com as questões de nirvana e salvação, estão diretamente ligados à fé religiosa, mas essas qualidades interiores não precisam ter nenhuma ligação. Não existe, portanto, nenhuma razão pela qual um indivíduo não possa desenvolvê-las, até mesmo em alto grau, sem recorrer a qualquer sistema religioso ou metafísico" (BOFF, 2006, p. 13-16).

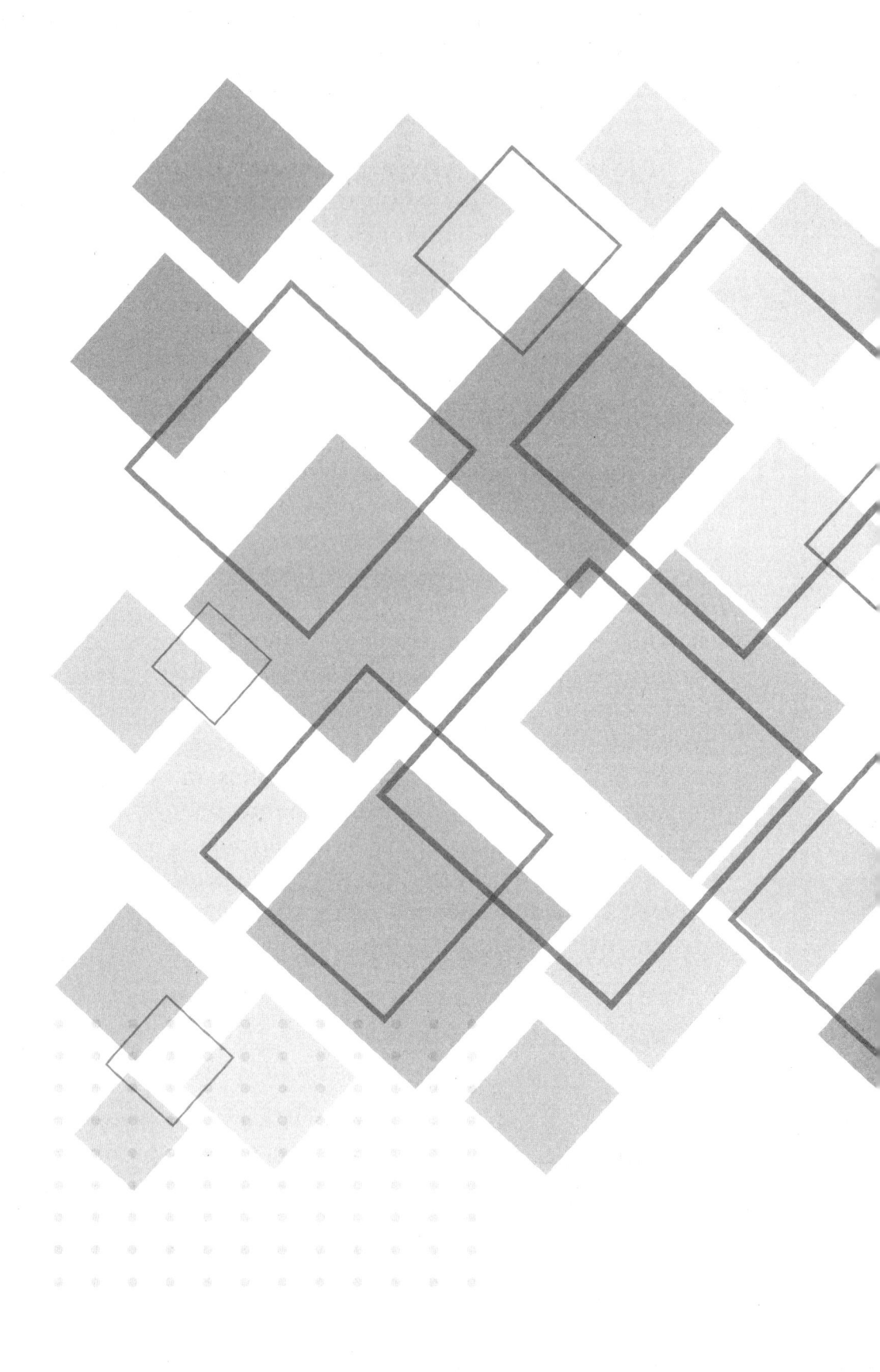

COMPAIXÃO

MARK WILLIANS E DANY PENMAN

"Abrir-se à empatia é importante porque dela surgirá a compaixão por si mesmo e pelos outros. A compaixão freia a autocrítica. Ela ajuda a ver que algumas coisas são menos importantes do que você pensava e a não se incomodar tanto com elas. A energia que elas vinham consumindo pode ser utilizada de forma mais generosa consigo mesmo, com os outros e com o mundo."

JÁ TIVE A OPORTUNIDADE DE MENCIONAR a palavra compaixão antes, mas quero agora tratar desse tema especificamente.

Compaixão, do latim *compassione*, significa ter a compreensão do que outro vive emocionalmente e desejar aliviar ou minimizar a dor dele, tornando seu sofrimento mais fácil de ser suportado.

É um sentimento que nos faz sentir a dor do outro e nos coloca em seu lugar para entender como podemos ajudar. É a delicadeza de ajudar sem causar constrangimento, de orientar e ensinar sem humilhar.

A compaixão é uma expressão sublime do amor que não fere a sua dignidade e o faz igual a nós, pois não o deixa na condição de necessitado.

Compaixão não é igual a comiseração, porque não nos coloca em nível superior; ao contrário, significa que temos sua mesma paixão.

Para viver a compaixão em modo real e eficaz, devemos ajudar com gestos concretos quem se encontra em necessidade.

São inúmeras as oportunidades que temos de ter compaixão do próximo, especialmente neste momento em que tantos sofrem não só em nosso país, mas mundo afora.

As cenas dos refugiados mostradas pela televisão, que deixam seus países em frágeis barcos, pagando com tudo o que têm pela travessia em mares revoltos, não podem nos deixar indiferentes ao que sofrem essas pessoas ao deixar tudo para trás – família, amigos, moradia, bens materiais, cultura, hábitos, costumes – em busca de uma vida melhor para si, seu(sua) parceiro(a) e seus filhos. Nesses casos, sentimos compaixão, mas pouco podemos fazer para minimizar sua dor, seu sofrimento. A não ser que os recebamos em nosso país, como já aconteceu com os que vieram do Líbano, da Venezuela, do Haiti, do Afeganistão e de outras localidades, e nos coloquemos no lugar deles, imaginando sua dificuldade de adaptação, ajudando-os a se comunicar com mais facilidade, a se locomover pelas ruas da cidade ou, ao menos, impedindo que sejam vítimas de preconceito, raiva, ódio ou rancor.

A visão daqueles que pedem nos semáforos não deixa também de ser uma forma de praticarmos a compaixão. Por que não ter no carro um pacote de bolachas e saciar a possível fome daquele que pede, daquele que não tem o que comer no momento? A fome provoca dor física, causa sofrimento e deixa sequelas no desenvolvimento psíquico.

> Desnutrição e fome são especialmente danosas para as crianças: o impacto no desenvolvimento físico e cognitivo nos primeiros dois anos de vida é geralmente irreversível.
>
> Os riscos físicos incluem fraqueza, baixo sistema imunológico que deixa os corpos vulneráveis a contrair uma série de doenças, má formação e até cegueira. Adultos que foram desnutridos quando crianças apresentam maiores riscos de desenvolverem doenças cardiovasculares, diabetes e obesidade.
>
> Do ponto de vista cognitivo, os problemas são outros. Fome e desnutrição atrapalham o desenvolvimento de habilidades como atenção, memória, leitura e aprendizagem de linguagem como um todo, o que por sua vez leva ao mau rendimento escolar. Ao longo de uma vida, isso pode ter um efeito cascata: a criança que tem dificuldade de aprendizagem por conta de insegurança alimentar vai mal na escola e tem maiores chances de abandonar os estudos, assim como menores perspectivas de ter um bom salário ou de manter empregos fixos quando adultos. Impactos dessa natu-

reza não se resumem ao desempenho acadêmico, mas também afetam capacidades de tomada de decisão e o desenvolvimento socioemocional das crianças (Laboratório de Educação, 2020).

A compaixão pode ser praticada tanto com seres humanos quanto com animais. No Rio Grande do Sul, um menino de 11 anos, morador de Antônio Prado, criou a campanha "Sou de rua, mas tô limpinho", para conseguir que cães sem dono sejam adotados. Acompanhe:

> Todos os sábados, o pequeno sai pelas ruas de seu bairro em busca dos animais. Ele dá banho, perfuma e arruma os cachorrinhos com laços, estrelinhas e tudo que puder para deixá-los "mais fofos". Já fez isso com mais de 50 cães, segundo a família.
>
> O primeiro banho foi em 9 de janeiro de 2021, e o esforço do garoto já ajudou cerca de 40 cães a conseguirem um novo tutor e uma nova casa. Ele explicou ao Ecoa que a relação com os bichos vem desde muito novo.
>
> Thiago é estudante do 5º ano do ensino fundamental e tem três pets: duas cachorras e um gato. Shiva, uma das cadelas, foi adotada em uma feira de filhotes depois de passar a tarde toda indo e vindo da gaiola da bicicleta do menino.
>
> "E depois de muito pedir, meu pai me deixou ficar com ela. Na casa da minha mãe tenho outra cachorra, a Preta, que já está com a gente tem seis anos. No final do ano passado, decidi que precisava de algum jeito fazer algo pelos animais. Conversando com meu pai contei da minha ideia de dar banho nos 'doguinhos' de rua para eles ficarem limpos e cheirosos. A intenção é que as pessoas olhem eles diferentes na rua, e que sintam vontade de adotá-los", explicou (RODRIGUES, 2022).

Mas a compaixão não se volta somente para o outro, mas também para si mesmo. A seguir, leia um texto do Dalai-Lama que mostra de forma clara as vantagens de se praticar a compaixão.

A MAGIA DA COMPAIXÃO

Acreditar que a prática da compaixão é basicamente voltada para o benefício do outro e não para si mesmo é um erro. A prática da compaixão traz benefícios imediatos para quem pratica. Fazendo o bem, ajuda os outros, o que automaticamente traz para você autoconfiança, reduz o medo e a ansiedade na vida. A compaixão na vida torna mais fácil fazer amigos. Um sorriso genuíno encanta as pessoas que sorriem de volta; o mesmo acontecendo com os animais ao receberem o carinho.

Expressar compaixão genuína também é um afeto. Diante do calor que vem do coração, vêm respostas na forma de gestos de compaixão genuína. Com má vontade brota a raiva, a suspeita e a desconfiança, o que causa desconforto na vida. Viver com raiva, ódio, suspeita de tudo, é como se estivesse andando num corredor escuro, como se tudo fosse ameaçador.

Mas a compaixão nem sempre é confortável para quem recebe. Exemplo: sorrir para pessoas desconhecidas. Quando sorrio para pessoas na rua, muitas vezes elas também sorriem de volta; veem nisso algo positivo. Mas, às vezes, você sorri e a pessoa estranha e suspeita – "Por que está rindo para mim? O que quer de mim?". A prática da compaixão traz perturbação para a vida dos outros, mas para a vida de quem pratica sempre traz benefícios.

> *Quando olhamos para os atos humanos, é essencial saber qual a motivação para esses atos, e assim também é importante saber qual a nossa motivação. Se a motivação é para a paz, é um ato construtivo. Motivação que tem por base ignorância, raiva, inveja são ações humanas destrutivas, mesmo que ligadas a motivos religiosos. É importante saber qual a nossa motivação em nossos atos. Motivação correta, ligada à compaixão, tem papel fundamental. Compaixão correta é aquela que vem acompanhada de sabedoria.*
>
> E a compaixão verdadeira, acompanhada de sabedoria, leva à paz de espírito, que se reflete em uma vida pessoal e familiar melhor e mais tranquila. **Assim se constroem comunidades e nações mais saudáveis. Essa é a força da compaixão. A compaixão é uma força. Cultive-a** (DALAI-LAMA apud FERNANDES, 2015).

Reflita: você tem se preocupado com o sofrimento alheio e feito alguma coisa para minimizá-lo? Tem se colocado no lugar do outro antes de criticá-lo? Tem praticado a compaixão?

A seguir, vou tratar de algumas decisões que podem dar um novo rumo à sua vida.

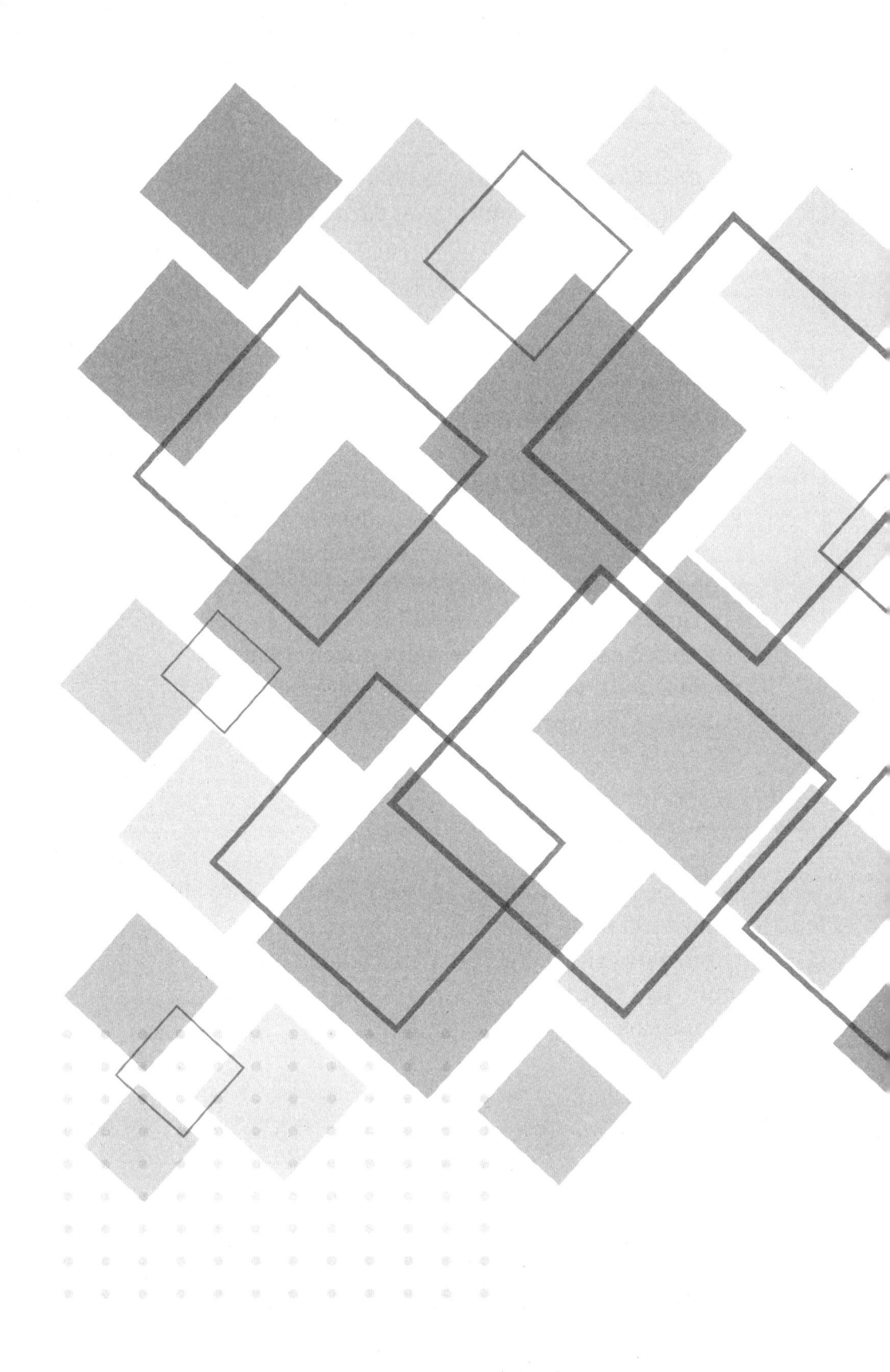

8 DECISÕES ESTRATÉGICAS A SEREM TOMADAS
(E QUE PODEM DEFINIR SUA TRAJETÓRIA DE VIDA)

FRANCISCO AZEVEDO
(REFLEXÃO DE ANTÔNIO, EM *ARROZ DE PALMA*)

"Houve momentos da minha vida, e não foram poucos, em que fui obrigado a abrir mão de minhas convicções. Traidor de mim mesmo. Depois, uma boa desculpa para me acomodar o peso na consciência. Dizer que fui obrigado, por exemplo. Obrigado coisíssima nenhuma. Sempre que agi de modo contrário ao que acreditava foi por pura conveniência."

ENTENDO QUE O BALANÇO DE GANHOS e perdas da sua vida no final acabará sendo um reflexo das decisões que tomou ao longo da sua jornada.

Quanto maior o seu processo de decisões assertivas, maior a chance de você se tornar um vencedor, independentemente da métrica que decidir usar.

Lembra-se do ensinamento do rabino sábio?

> *O indivíduo pergunta:*
> *— Como pode uma pessoa se tornar sábia?*
> *O rabino responde:*
> *— Tomando decisões sábias.*
> *— E como posso tomar decisões sábias?*
> *— Pela experiência, meu filho.*
> *— E como chego a adquirir experiência?*
> *— Tomando decisões erradas!*

Resolvi fazer um cálculo aproximado de quantas decisões uma pessoa com expectativa de vida de 120 anos toma durante sua trajetória e quais são aquelas a que precisa dar atenção especial para evitar os grandes erros que podem comprometer seu sucesso.

Assumindo que, a cada 10 minutos que está acordado, o ser humano toma algum tipo de decisão, chegamos a 100 decisões por dia, 35 mil por ano, 4,2 milhões numa expectativa de 120 anos.

Tenho por hábito segmentar as decisões em três tipos diferentes: as operacionais, as táticas e as estratégicas.

Exemplos de decisões operacionais: que roupa vou vestir; o que vou comer; que caminho vou escolher para ir ao escritório; e assim por diante. Elas representam 98% das decisões no dia a dia, e, se você errar algumas delas, as consequências serão totalmente irrelevantes e facilmente corrigíveis.

Entre os **exemplos de decisões táticas** estão: que carro vou comprar para minha esposa; onde vou passar as férias com a família; em que investir uma parcela da minha poupança, etc. Elas representam perto de 2% das suas decisões e, se você errar, as consequências serão de certa forma impactantes, mas o tempo ajuda a corrigir. O pior que pode acontecer é você se aborrecer bastante por um tempo, mas depois passa o efeito.

Já as **decisões estratégicas** são menos de dez e vão, na verdade, dar direção à sua jornada e fazer a grande diferença entre ter o sucesso mais assegurado ou mais suado. Por isso, devem e precisam ser muito bem planejadas, e executadas somente quando você está plenamente convicto de que tomou a opção correta.

A consequência do erro geralmente é significativa e pode atrapalhar bastante o andar da carruagem. Algumas podem ser corrigidas a tempo; outras, não, mas o custo e o impacto na sua vida vão ser sempre sentidos, e eles são geralmente altos.

Quais são essas poucas decisões estratégicas que podem ajudar ou atrapalhar muito a sua vida?

Vamos tratar delas em seguida, lembrando que estratégia é a arte de usar eficazmente os recursos que você tem, ou suas condições favoráveis, para alcançar seus objetivos.

Ao todo, são oito as decisões estratégicas de que vou tratar. As duas primeiras não é nem você quem as toma, são seus pais, mas, como o mundo gira, talvez um dia você seja pai/mãe e vai precisar tomá-las para seus filhos. Por isso, contabilizo seis em seu nome e duas em nome deles.

Sempre que houver alternativas estratégicas, tenha prudência. Não opte pelo conveniente, pelo confortável, pelo respeitável, pelo politicamente correto, pelo honroso. Opte pelo que faz seu coração e alma vibrarem.

Primeira decisão estratégica

Vou chamar essa primeira de **tipo de educação**. E pergunto: qual é a educação que pretende dar a seus filhos?
Minha pesquisa sobre esse tema revelou as seguintes opções:

a. Usar os mesmos conceitos de como foi educado, porque funcionou (piloto automático, sem considerar que os tempos e os valores mudaram).
b. Usar o oposto dos conceitos que os pais usaram, porque ficou traumatizado com a educação recebida (a antítese do que recebeu, sem considerar os méritos ou deméritos dessa nova forma de educar).
c. Não pensar sobre o tema e educar na base do espasmo do cotidiano, matando um leão por dia sem nenhuma base conceitual, entrando muitas vezes em contradição, a depender do humor ou do cansaço na hora do ver e decidir.
d. Pensar e ter como objetivo educar o filho para o mundo, gerando pessoas fortes e resilientes.
e. Pensar e ter como objetivo educar o filho para ser o melhor amigo do pai, para ser um parceiro fiel e companheiro de todos os momentos da vida, até que a morte os separe.
f. Pensar e ter como objetivo educar o filho para ter a vida mais doce, suave e resguardada possível como contraponto da dureza da sua própria infância.

Esse tema sem dúvida será o pilar principal do futuro dos seus filhos. Pense, e pense muito, porque mudar de estilo no meio do caminho geralmente é difícil e doloroso. E o que é muito importante: é necessário educar todos os filhos no mesmo conceito, porque eles ficam medindo com uma régua milimétrica as diferenças de estilo e valores entre si quando são partes de uma mesma leva, com a diferença de idade de até três anos.

Agora vamos para outro detalhe. O que é mais assertivo:

- Educar o filho como o centro do lar e tudo girar em torno dele?

- Educar o filho como um satélite dos pais, sendo eles o centro do lar, tudo girando em torno deles, que estão sempre no comando de tudo?

Uma coisa deve sempre ficar clara: é muito mais fácil começar rígido e restrito, com regras claras e bem delineadas, e ir afrouxando aos poucos do que começar frouxo, sem muitas bordas, e aos poucos ir limitando a liberdade e impondo novas regras.

Deve-se hoje em dia ainda usar a regra do reforço positivo e do reforço negativo? Ainda é válido punir a criança ou deve-se evitar a punição para não lhe gerar traumas?

Eu tenho a minha opinião formada, mas me comprometi a não a apresentar para que você mesmo escolha qual a melhor solução.

Segunda decisão estratégica

Vou chamá-la de **escolha da escola**. E pergunto: qual critério usar para definir a melhor opção para seus filhos?

Minha pesquisa sobre esse tema revelou as seguintes alternativas:

a. Colocar na mesma escola em que você foi educado, porque funcionou bem (piloto automático, sem considerar que os tempos e os valores mudaram).
b. Usar uma escola oposta à que foi educado, porque ficou traumatizado com a educação recebida (antítese da recebida, sem considerar os méritos ou deméritos da nova forma de ensino).
c. Nem pensar sobre o tema e simplesmente colocar na escola mais próxima de casa, focando na logística de levar e buscar (e seja o que Deus quiser, porque, afinal de contas, escolas são todas meio iguais, portanto não é tão importante gastar energia com o tema).
d. Colocar em uma escola bilíngue que prepara seu filho para a vida e para o mundo, dentro da realidade atual das necessidades globais.

Escolher uma escola é uma tarefa muito maior do que pensar na parte educacional. Pela escolha, serão definidos os colegas com que seu filho vai conviver, os valores e os princípios que vai incorporar, bem como o convívio com pais de amigos que pensam de modo muito similar ou bem diferente de seus valores e seus princípios. Quando você menos espera, seu filho pede para dormir na casa de um amigo de escola totalmente desconhecido por você. E aí, José, o que fazer?

Terceira decisão estratégica

Vou chamá-la de **escolha da faculdade**, que será na verdade a primeira a influenciar seu destino e sua jornada. Pergunto: qual critério usar para definir a melhor opção para você?

O melhor critério, na verdade, é uma faculdade em linha com seu dom. O ideal seria que você já tivesse descoberto o seu talento e agora fosse atrás dele com garra e determinação.

Triste será se você tiver o talento X e acabar passando no vestibular para uma faculdade não alinhada a ele e, por pura preguiça ou falta de ânimo, aceitar fazer um curso alternativo.

Muitos se perguntam, quando não aprovados no vestibular que gostariam, se deveriam cursar a faculdade em que foram aprovados ou se deveriam fazer cursinho pré-vestibular e ter novamente um ano de sacrifício para realizar a prova mais uma vez. Minha visão sobre o tema: o que é um ano de atraso numa vida com expectativa de duração de mais 100 anos pela frente e, em contrapartida, abrir mão da plena felicidade depois?

Quarta decisão estratégica

Vou chamá-la de **escolha da carreira profissional**. Pergunto: qual critério usar para definir a melhor opção para você?

Observo com frequência que muitos, depois de se graduarem, acabam escolhendo uma trajetória profissional diferente daquela para a qual se formaram, sem isso se apresentar como um drama ou uma incoerência.

Quer ser feliz e realizado? Então não abra mão de alguns valores básicos, como centrar sua carreira profissional em consonância com seu talento e aquilo que dá prazer a você. Observo que, para muitos, essa descoberta do prazer acaba se concretizando somente num estágio de vida mais maduro e avançado. Ou, então, o surgimento de uma oportunidade única acarreta um desvio da rota inicial, e a carreira profissional se descola da formação acadêmica sem nenhum drama.

Há sempre duas duas formas de enxergar uma situação:

a. Algumas pessoas enxergam imediatamente as coisas que querem e empreendem ações para alcançar seus objetivos.

b. Outras pessoas veem imediatamente obstáculos que as impedem de conseguir as coisas que querem e preferem retornar à zona de conforto.

Quinta decisão estratégica

A quinta decisão vou chamar de **escolha de sua(seu) companheira(o) para formar uma família**. Eu pergunto novamente: qual critério usar para definir a melhor opção para você?

Essa, com certeza, é uma das mais complexas decisões na sua trajetória, porque a natureza usa de artifícios para assegurar a continuidade da espécie. É o fenômeno da paixão, um processo eminentemente químico que tem por objetivo cegar e inibir a inteligência racional e fazer a pessoa entrar em um estado de embriaguez emocional em que ela só passa a ver e enxergar a realidade desejada, e não mais a realidade nua e crua. Ela dura de 6 a 24 meses, no máximo, e consome as pessoas de uma forma intensa, similar ao estresse. Uma delícia enquanto dura, e uma tristeza quando termina.

Passada a fase da paixão, as pessoas começam a enxergar e sentir a realidade e os defeitos e as deficiências do par que antes não pareciam tão óbvios. Daí a explicação de tantos casamentos se desfazerem atualmente já nos primeiros dois anos.

Casar por impulso, porque engravidou, por querer sair de casa ou por qualquer outro motivo banal, pode ser um dos piores erros a ser cometido na sua jornada de vida. Por isso só posso sugerir: reflita, reflita e reflita bem antes de decidir. Nos tempos atuais, não existe melhor alternativa do que um *test-drive*, vivendo juntos antes de assumir um compromisso mais sério, como a vinda de filhos, a qual gera comprometimentos e amarras de longo prazo que podem prejudicar muito seu futuro e sua qualidade de vida.

Vale lembrar a história do jovem que consultou um sábio rabino:

– Rabino, gosto tanto da minha vida que gostaria de viver eternamente. O que me aconselha?
– Case, meu filho.
– Como assim? Ao casar asseguro minha eternidade?
– Não, meu filho, você muda de ideia sobre viver eternamente.

Com o tempo, muda-se o entendimento do que deve ser o ideal em uma relação conjugal. No início, valoriza-se o par, que é aquele que tem os atributos que se deseja. Numa segunda fase da relação, ou mesmo segunda relação, valoriza-se o par que não é ou não tem os defeitos que não se quer.

Mais importante que um olhar para o outro, é olhar para a mesma direção.

Um casamento também passa por várias etapas e, de uma forma simplista, de tempos em tempos surgem crises clássicas que devem ser avaliadas e superadas, ou a relação se encerra. Por isso, seja investigativo, procure saber o máximo possível antes de tomar essa decisão e jamais a tome por impulso ou na base do "seja o que Deus quiser". Insistir numa relação desgastada para o resto de sua vida é uma das piores tragédias que você pode vivenciar.

E uma coisa é sempre igual em todos os casamentos: não tente mudar seu parceiro, mude a si mesmo! Como já afirmou Dalai-Lama: "A mudança começa conosco como indivíduos. Se um indivíduo se tornar mais compassivo, isso influencia outros, e assim poderemos mudar o mundo".

Resignação e aceitação são dois substantivos bem assertivos que solidificam uma relação conjugal. O amor só pode ser eterno à medida que vivemos a conquista do outro todos os dias.

Casamento é maravilhoso quando a alma, o corpo, a mente e o coração combinam e estão alinhados. E pode ser um desastre quando não estão.

Sintomas clássicos que medem a saúde de um relacionamento: se, de cada quatro interações entre o casal, três forem positivas, a relação está sólida; se forem duas somente, a relação está enfraquecida e pode terminar a médio prazo; se for somente uma, com certeza já entrou na fase terminal.

É interessante compreender como se processa um ritual de separação entre as partes. Em primeiro lugar vem a separação da alma de forma silenciosa, quase imperceptível, quando ela começa a se pronunciar. Em segundo, vem a separação dos corações, quando o sentimento começa a se pronunciar. Em terceiro, vem a separação da mente, quando a lógica começa a se pronunciar. Por último, vem a separação dos corpos, quando se inicia a repulsa química e visual entre ambos.

Finalmente, o que é mais importante: estar certo ou ser feliz?

Sexta decisão estratégica

A sexta decisão vou chamar de **escolha de onde morar no planeta**. Eu pergunto: qual critério você deve usar para definir a melhor opção?

Essa é uma decisão muito complexa e deve sempre ser compartilhada com o par. Uma coisa é mudar de país como funcionário de uma multinacional, com tudo acertado e assegurado; outra coisa é se aventurar por conta e risco próprios. Tema muito individual, e acredito poder contribuir com poucos conceitos. Porém, um conceito está sempre muito claro e é universal: nunca more em um lugar onde você não se sinta feliz.

Sétima decisão estratégica

A sétima vou chamar de **quantos filhos pretende ter**. E pergunto: qual critério você deverá usar para definir a melhor opção?

Filhos bem-criados e educados são a maior bênção do mundo. Então, seguindo essa lógica, quanto mais filhos, maior a bênção. Assim, de forma simplista, mais é mais, e a conclusão passa a ser: "vamos ter tantos filhos quanto pudermos".

Mas tudo na vida tem sempre um porém...

Filhos custam caro. Desculpe, fui modesto, vou reformular: filhos custam **muito** caro, muito mais do que qualquer casal inexperiente possa imaginar.

As despesas são constantes, o que muda é o mix. Se seu(sua) companheiro(a) também trabalha fora e você não pode contar com uma rede de apoio para ficar com seu filho, logo no início precisará de um berçário ou de uma babá; além de escola, roupa, entretenimento, viagens e uma lista interminável que varia de família para família, até o fim da faculdade pelo menos ou mais ou menos 25 anos. A economia de escala é bem reduzida, então criar quatro em vez de dois pode, sim, custar próximo ao dobro.

Pense bem e discuta muito com seu par esse tema para evitar surpresas do tipo: "benheê, estou grávida!" E mais: se a relação está fragilizada, a última coisa que deve ter em mente é ter um filho para endireitá-la.

Bons filhos frequentemente geram bons pais, que, por sua vez, geram bons filhos. É o círculo virtuoso da vida; e o contrário também pode ser verdadeiro: maus filhos se transformam em maus pais, que geram, por sua vez, maus filhos.

Então sugiro que você mesmo faça esse teste sobre sua pessoa como filho(a):

- Você respeita seus pais?
- Você é grato(a) a seus pais?
- Você admira seus pais?

Se respondeu sim a todas as perguntas, acredito que esteja preparado para criar seus próprios filhos. Se respondeu não, sugiro refletir bem e ter consciência de que precisa melhorar algo para desfrutar de uma relação saudável com seus pimpolhos.

Oitava decisão estratégica

A oitava decisão vou chamar de **que legado quero deixar?** E pergunto: qual critério usar para definir a melhor opção para você?

Essa decisão tem muito a ver com a forma que deseja ser lembrado após sua passagem por aqui.

O critério implica um foco mais restritivo se o desejo for ser o patriarca da família para ser lembrado e admirado como uma pessoa honrada, amorosa, justa e contributiva com os familiares. Ou um foco mais amplo, caso pretenda ser lembrado também fora do círculo familiar como um ser que praticou o bem à sociedade, incluindo amigos, conhecidos e até desconhecidos.

Deixar um legado é como plantar uma árvore: leva tempo e deve ser cultivada todo santo dia. Por isso, se quiser deixar um bom legado, comece cedo e cuide dele com muito carinho e atenção. Não é algo para ser pensado de última hora.

A seguir, vou trazer alguns conceitos que considero importantes na vida de todos nós e compartilhar um pouco do meu aprendizado de vida, o que penso atualmente a respeito de alguns tópicos com os quais, fatalmente, todos um dia se depararão.

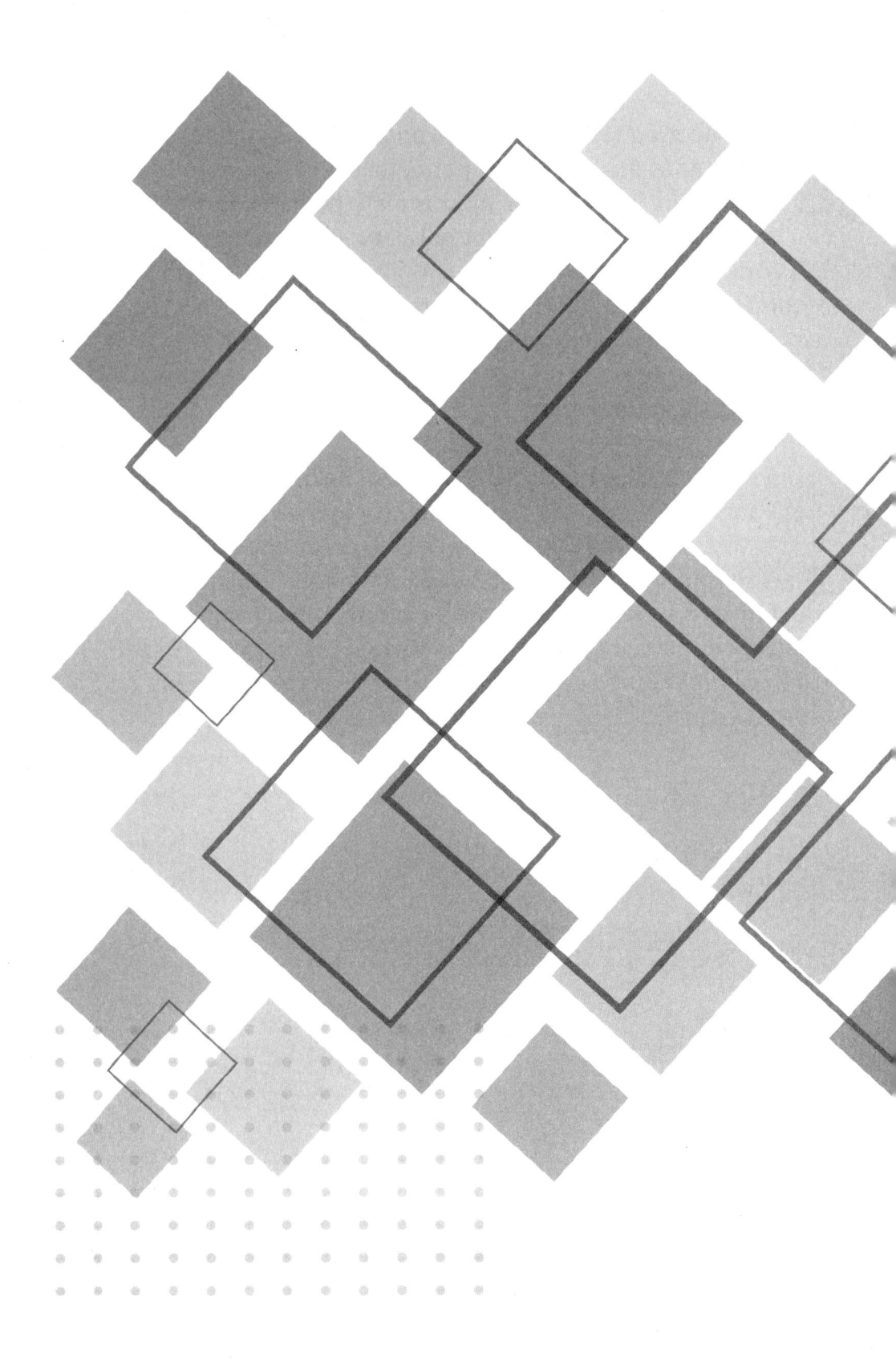

Conceitos sobre temas importantes

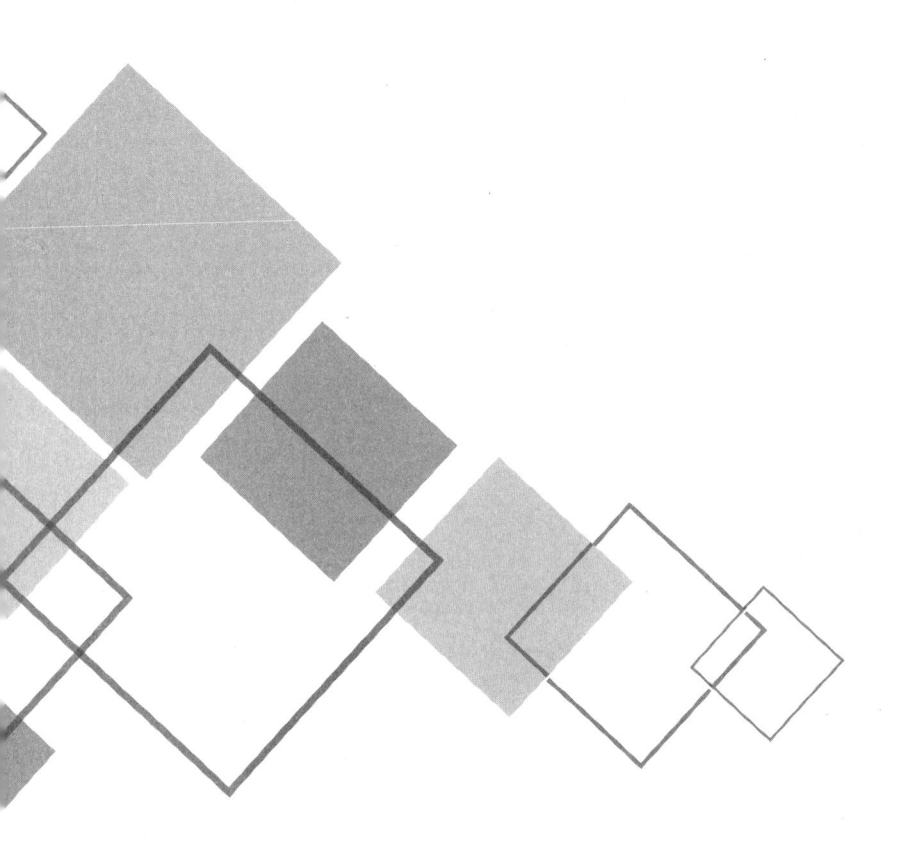

PARA ENRIQUECER O QUE PENSO, apresento citações de outros autores sobre os tópicos escolhidos, dando ao leitor toda a liberdade de concordar, discordar ou emendar.

Admiração

> "O homem que nada admira e que,
> em geral, de nada se maravilha,
> é como óculos sem lentes."
>
> **THOMAS CARLYLE**

Certa vez li uma análise sobre o tempo, sobre o sentimento de admiração de um filho pelo pai, e aprendi que ela se apresenta em uma curva no formato de **U**, sendo os picos quando o filho tem sete anos e depois 70, e o fundo do poço quando o filho tem ao redor de 45 anos. E por que isso?

Aos sete anos, em especial quando o pai estimula o desenvolvimento do dom do filho, ele vira o clássico "Meu pai, meu herói"; aos 45 anos, acha o pai um jurássico, ultrapassado; mais tarde, quando ele já partiu, volta a admirá-lo e reconhece quanto deve de seu sucesso ao amor, à dedicação e à inspiração do pai na sua vida.

Amizade

> "Cuide de seus amigos. Eles entram em nossa vida e permitem que entremos na deles e, com o tempo, passam a ser testemunhas de um tempo que já foi. Estão presentes no ontem, no hoje e, se tiver sorte, no amanhã."
>
> **LUIZ FLÁVIO D'URSO**

Pesquisas de quase meio século, entre elas um estudo da Universidade de Los Angeles, indicam que há substâncias químicas produzidas pelo cérebro responsáveis pela amizade, inclusive pelo prazer de os amigos estarem juntos.

Esses estudos apontam que quem tem amigos vive mais e melhor. E, quanto mais amigos, maiores as probabilidades de um envelhecimento saudável, com menos problemas físicos.

Felizmente nós já sabemos que os amigos nos trazem ajuda para superar os momentos mais difíceis de nossa existência, proporcionando-nos força, bem-estar e alegria.

Gaste seu tempo ao lado de pessoas inteligentes, agregadoras, que torcem por você. As relações devem nos ajudar, nunca nos machucar. Cerque-se daquelas que refletem a pessoa que você quer ser.

Fazer amigos é um dom; ter amigos é uma bênção; conservar amigos é uma virtude. Agora, ser amigo é um privilégio.

Lembre-se: amigo verdadeiro é aquele que permanece a seu lado quando todo mundo já se foi.

As amizades são muito parecidas com os livros: alguns enganam pela capa; outros surpreendem pelo conteúdo.

Veja o texto de Sérgio Antunes de Freitas sobre amigos.

MEUS AMIGOS

Meus amigos? Escolho pela pupila.

Meus amigos são todos assim: metade loucura, metade santidade. Escolho-os não pela pele, mas pela pupila, que tem que ter brilho questionador e tonalidade inquietante.

Deles, não quero resposta, quero meu avesso. Que me tragam dúvidas, angústias e aguentem o que há de pior em mim. Para isso, só sendo louco. Louco que se acocora e espera a chegada da lua cheia. Ou que espera o fim da madrugada, só para ver o nascer do Sol.

Quero-os santos, para que não duvidem das diferenças e peçam perdão pelas próprias injustiças cometidas. Escolho meus amigos pela cara lavada e pela alma exposta. Não quero só o ombro, quero também a alegria.

Amigo que não ri junto não sabe sofrer junto. Meus amigos são todos assim: metade graça, metade seriedade. Não quero risos previsíveis nem choros piedosos.

Pena não tenho nem de mim mesmo, e risada só ofereço ao acaso. Portanto, quero amigos sérios, daqueles que fazem da realidade sua fonte de aprendizagem, mas lutam para que a fantasia vença.

Não quero amigos adultos, chatos. Quero-os metade infância, metade velhice.

> Crianças, para que não esqueçam o valor do vento no rosto. Velhos, para que nunca tenham pressa.
>
> Meus amigos são todos assim: metade loucura, metade santidade. Escolho-os não pela pele, mas pela pupila, que tem que ter cor no presente e forma no futuro (FREITAS, 2003).

Amor

> "A medida do amor é amar sem medida."
>
> **SANTO AGOSTINHO**

A base do amor profundo é a admiração recíproca que nasce no coração e reside na alma!

O amor verdadeiro é o amor incondicional, aquele que se dá sem exigir nada em troca. O amor faz tão bem para quem ama quanto para quem é amado. Amor é pura troca de química entre pessoas, e essa troca é a responsável pelo superbem-estar das pessoas envolvidas.

Nós devemos amar nossos entes queridos, mas sem excesso de apego e controle, deixando que cada um siga seu caminho individual e evolua por conta própria. Filhos devem ser criados para o mundo, não para os pais.

Nós devemos amar as pessoas pelo que são e não pelo que elas podem fazer ou trazer.

Amor é uma das mais poderosas armas do mundo: famílias e impérios são construídos ou destruídos em nome dele.

Vide o emblemático caso Cleópatra *versus* Marco Antônio na época de Roma e Egito.

Eu te amo! Frase com palavras simples, curtas, transformadoras e poderosas, que nunca deve ser economizada.

Atitude

"Cada pensamento nosso, no qual colocamos crédito, provoca uma atitude. Nossas atitudes são frutos de nossas crenças. Agimos de acordo com elas. Cada atitude nossa movimenta as energias ao nosso redor e promove uma reação. É como quando estamos dentro de uma piscina. Qualquer gesto movimenta a água em ondas que vão e vêm, reagindo a nosso contato."

ZÍBIA GASPARETO

O passado está na sua cabeça e o futuro em suas mãos.

Muitas coisas que acontecem com você no desenrolar da vida são eventos exógenos que não dependem de sua vontade nem do seu controle ou da sua influência.

Porém, há uma coisa que sempre depende 100% somente de você: a sua *atitude* perante uma situação. Jamais se esqueça disso.

Seja sempre proativo, pois pequenas atitudes podem fazer toda a diferença.

Audácia e insatisfação são os primeiros passos para o progresso. O mundo muda com seu exemplo, não com sua opinião.

Comece hoje e não deixe para amanhã.

Desfrutar do coletivo é sacrificar o individual.

Com o sucesso vem a arrogância; com a arrogância, o insucesso.

Três regras primordiais sobre atitudes:

- Não prometa nada quando estiver feliz;
- Não responda nada quando estiver irritado;
- Não decida nada quando estiver triste.

Contratos

"Se eu tivesse de começar tudo de novo, a única coisa que eu mudaria seria aprender a ler um contrato direito."

OZZY OSBOURNE

"*Immer lesen*" (sempre ler), falava meu bom pai.
Nunca assine nada sem ler atentamente antes.
Boas cercas fazem bons vizinhos.

Críticas

"Você nunca será criticado por alguém que está fazendo mais do que você. Você só será criticado por alguém que esteja fazendo menos ou nada."

STEVE JOBS

Na dúvida, não critique. Só o faça se estiver bem embasado de fatos e tente fazê-lo sempre soando como uma crítica construtiva, nunca como uma crítica destrutiva ou com menosprezo. Melhor que criticar é sugerir melhorias. Nunca critique em público, somente no privado.

Dinheiro

> "Se vivermos além de nossas posses,
> em algum momento pagaremos por isso."
> **GUSTAVO CERBASI**

Dizem que dinheiro não traz felicidade, mas ajuda pra caramba!

Pedir sai mais caro do que comprar.

Uma porção de grãos não enche um saco, mas ajuda na hora da fome!

Dinheiro não se ganha, se faz.

Dinheiro se poupa, para se ter cada vez mais.

Desde muito cedo você deve aprender a lidar com seu dinheiro, para não se endividar sem necessidade. Gustavo Cerbasi escreve em seu livro:

> Primeiro passo para gastar menos: eliminar perdas displicentes de dinheiro não desprezando os pequenos valores nem uma boa negociação em cada compra. [...]
>
> Segundo passo para gastar menos: reduzir gastos desnecessários, enquadrando seu padrão de vida em suas possibilidades de ganho. [...]
>
> Se vivermos além de nossas posses, em algum momento pagaremos por isso.
>
> É preciso, então, estabelecer uma forma de controlar melhor o destino do seu dinheiro.
>
> [...] relacione, em uma folha de caderno ou em uma planilha eletrônica, todos os seus gastos mensais (CERBASI, 2016, p. 176).

Com uma visão de todos os seus gastos mensais – absolutamente todos –, você tem um panorama de fato com o que precisa gastar e com o que pode economizar. E, é claro, ter o prazer de gastar o que sobra com lazer, já que viajar, assistir a bons filmes, ver boas peças de teatro, participar de apresentações culturais, entre outras atividades, renova nossas energias.

Determinação

> "Nada de importante pode ser realizado se você se permitir ser influenciado por algo insignificante, sempre se perguntando o que os outros estão dizendo ou pensando. A chave para a realização é seguir em frente ao longo do caminho escolhido com determinação."
> **DAISAKU IKEDA**

A vida não é apenas um passeio no parque. A vida é como a natureza: tem épocas em que é primavera, depois verão, depois outono e, por fim, inverno.

É um processo de altos e baixos. Às vezes, estando no parque, você está no alto da gangorra, e é hora de celebrar. Outras vezes, você está embaixo, daí é hora de alguém ajudá-lo com um impulso para que você possa subir novamente. Mas, se na vida real não houver alguém para ajudá-lo, sacuda a poeira e dê a volta por cima.

O que define seu destino não são suas condições, e sim suas decisões.

Dicas

- Escute antes de falar; ganhe antes de gastar; pense antes de escrever; tente antes de desistir; viva antes de morrer.
- Ninguém muda ninguém. As pessoas mudam pela autopercepção ou pela dor.
- Na vida seja como um girassol: posicione-se na direção da luz.
- Nunca seja um prisioneiro do passado. Foi apenas uma lição, não uma sentença.
- Quando entrar em sua casa, deixe a negatividade do lado de fora.

Envelhecimento

"É complicado envelhecer em um país que cultua a juventude eterna, o novo, o que acabou de lançar. As pessoas se tornam descartáveis como um objeto, um aparelho de tecnologia. Em muitos setores profissionais, alguém de 50 anos é tido como 'velho' para o mercado de trabalho. As experiências acumuladas são pouco valorizadas. Isso, especialmente para as mulheres, é muito impositivo. É como se não pudéssemos envelhecer. É o reflexo de uma sociedade que preza muito mais pela estética do que pela história."

ROBERTA FRANÇA

Envelhecer é um processo irreversível, portanto a melhor opção é aceitá-lo e fazer o melhor possível. É a troca da beleza externa pela beleza interna, do agito externo pela paz interna. Vamos lembrar que envelhecer é sempre melhor que a alternativa de morrer cedo. E que o idoso é o jovem que deu certo!

A atriz e escritora Norma Blum escreveu, aos 80 anos:

POR QUE SOU APAIXONADA POR MINHA IDADE

À medida que o corpo envelhece, precisamos investir em uma autoestima apurada, conscientes de que somos muito mais do que um invólucro. Isto requer aceitar o corpo que vai perdendo a flexibilidade e a beleza. Não há como deter a progressão do tempo com procedimentos estéticos desenfreados cujos resultados trazem frustração. Melhor praticar exercícios físicos prazerosos, como caminhadas ou danças de salão. Caprichar na alimentação e aprimorar a inteligência emocional produz grandes benefícios.

Quem lamenta a beleza física que se esvai não está consciente da beleza de espírito e de alma que a maturidade pode conferir.

E, assim, superando problemas, vencendo desafios na saúde, interagindo com a família, zelando para o sustento, desfrutando da companhia dos amigos, aumentando conhecimento, tornando-se um ser humano mais equilibrado e útil, vamos vencendo década após década.

> Aos 80 também fazemos nova avaliação. QUE VIDA FOI ESTA QUE ESTOU VIVENDO? A resposta é um sentimento de gratidão profunda.
> Apesar dos incontáveis problemas e percalços (ou quem sabe justamente devido a eles), avalio que me tornei uma pessoa melhor ao longo dos anos. Claro que exigiu trabalho e dedicação. Tive muita ajuda de mãe e pai, principalmente pelo exemplo de seres iluminados que foram. No entanto, nada foi (continua sendo) mais importante do que a interação com os filhos e as críticas construtivas com que me presentearam nesse percurso (BLUM, 2020, p. 23).

Erros

"A verdade é una; o erro, múltiplo."
SIMONE DE BEAUVOIR

"Eu acho" é o pior de todos os erros. Ninguém é pago para achar. As respostas só podem ser: "sim", "não" ou "não sei", e "vou fazer a minha lição de casa para saber".

O primeiro passo no sentido de corrigir um erro é reconhecê-lo. Erros são inevitáveis, e devemos aprender com eles. Devemos enxergar o erro como uma oportunidade para mudar o comportamento ou julgamento e nunca mais o repetir. É errando que aprendemos!

O ruim não é mudar de ideia: é não ter ideia para mudar. Com erro não há o compromisso de manter a palavra dada. Por isso, podemos alterar o que foi dito ou feito. E mesmo nos desculpar pelo erro.

Até cortar os próprios defeitos pode ser perigoso. Nunca se sabe qual é o defeito que sustenta a laje do nosso edifício inteiro.

Não julgue o próximo precipitadamente, sempre lhe permita ter a chance de se explicar. Às vezes ele pode parecer errado, mas o motivo pode estar certo.

Pensar antes de agir pode evitar muitas catástrofes e mal-estar. As consequências de nossas atitudes, às vezes, são irreversíveis.

Nunca pré-julgue, nem julgue. Somente tire conclusão com todos os fatos à mesa, e assim sua palavra se torna impecável e sempre convincente.

Estupidez

> "Não existe absurdo que não encontre o seu porta-voz."
> **F. W. J. SCHELLING**

A inteligência do ser humano é limitada, porém a estupidez não. A estupidez extrema é o negacionismo radical, quando se nega qualquer evidência científica ou conhecimento sedimentado; e a estupidez histórica é aquela em que se propõe o uso de provas ilegais ou ilícitas.

Nunca tente persuadir um estúpido com lógica ou razão, uma vez que a estupidez não aceita argumentos nem tem compromisso com a realidade. O estúpido odeia a solidão e se identifica com outro estúpido, por isso a proliferação de tanta estupidez no mundo moderno nas redes sociais.

Felicidade

> "Que ninguém jamais se aproxime de você sem se retirar melhor e mais feliz!"
>
> **MADRE TERESA DE CALCUTÁ**

Felicidade é ter pela frente um horizonte limpo, nada com o que se aborrecer, e ter no seu prato somente coisas que são positivas e construtivas.

Pessoas felizes falam menos, ouvem mais, ajudam os outros, riem mais, ignoram a negatividade, não ficam se exibindo e são autênticas.

A mente se enriquece com o que recebe; o coração, com o que dá.

Podemos usar aqui a mesma figura do **U** que usamos para tratar da admiração do filho pelo pai. Aos sete anos, a criança está no patamar máximo da felicidade, mas ela parece decrescer lentamente até a faixa dos 45 anos (crise da meia-idade), quando começa a crescer novamente e atinge um novo pico na faixa dos 65 anos, na fase *bon vivant*.

Ser feliz ou estar feliz são duas coisas bem diferentes. Felicidade não é causa; é efeito, resultado. Felicidade não se compra nem se busca. Ela encontra você! Como isso acontece então? Qual é o segredo?

É um processo longo, lento e sistêmico. Primeiro você precisa investir em ter uma vida equilibrada; depois, em encontrar paz de espírito; e, por último, quando você menos espera, ela vem a seu encontro e você se sente feliz.

São hábitos que solidificam a felicidade: agradecer, perseguir seus sonhos, sorrir, acreditar em si, aprender sempre algo novo, fazer o que ama e celebrar pequenas vitórias.

Transcrevo um trecho do texto escrito por Helena Galante na *Revista Veja*, em que ela fala dos hábitos para ter uma vida com sentido e, consequentemente, com felicidade:

> [...] o propósito não é um luxo disponível apenas para os que podem largar o emprego ou investir horas sem-fim em uma causa. Se entendermos propósito como um conjunto de ações (que podem ser simples) em prol das outras pessoas, fica mais fácil encontrarmos mais sentido em nossas vidas. Você pode encontrar mais propósito ajudando o morador de rua que está na frente da sua casa, auxiliando uma creche ou abrigo de animais, fazendo uma campanha em benefício de alguém, ou ainda, na criação de seus filhos. Os estudos demonstram que, além de mais resiliência frente aos desafios, uma das consequências da vida com sentido é também mais felicidade. **O mundo está cheio de oportunidades para acrescentarmos valor.** É só deixarmos de olhar para o nosso umbigo, ou para o topo do Monte Everest, e olharmos ao nosso redor (GALANTE, Revista Veja, 8 dez. 2021, p. 50).

Gratidão

"Quando vivemos com gratidão, jamais ficamos num beco sem saída. Por vivermos resolutamente determinados a demonstrar apreço por nossos pais, por nosso mestre e por aqueles que nos ajudaram a nos tornar as pessoas que somos hoje, agimos como a força motriz para o autoaperfeiçoamento. A disposição de jamais trair a confiança das pessoas que nos ajudaram a crescer nos mantém, com certeza, no caminho correto da vida. Sejam quais forem as dificuldades, ao nos lembrarmos das pessoas a quem temos dívida de gratidão, manifestamos o espírito de jamais sermos derrotados. A gratidão é a fonte para extrair a força fundamental do ser humano. Aqueles que não têm gratidão, por outro lado, levam uma vida triste e sombria, porque destroem o que os faz verdadeiramente humanos."

DAISAKU IKEDA

Apreciar o que você tem é muito importante. É primordial reconhecer tudo que a vida proporciona desde o primeiro momento do nascimento. Agradecer o aconchego, o alimento, o afeto que nutre e a força da ancestralidade potencializa o que há de bom nas pessoas e traz desafios para a evolução. Reverenciar a herança familiar, com gratidão. Reverenciar o ninho que o acolhe. Reverenciar as pedras e as pérolas desse caminho. A vida é um presente divino, trazido até nós pelos nossos pais. Gratidão, eterna gratidão!

A prática de atos de generosidade ativa o sistema límbico, um conjunto de estruturas presentes no cérebro que controla comportamentos ligados à nossa sobrevivência, que desencadeia a liberação de neurotransmissores, como dopamina, serotonina, ocitocina e endorfinas.

Quem pratica generosidade exercita a compaixão, o que proporciona o sentimento de gratidão, relata a psicóloga Lina Sue, do Curso de Terapia Cognitiva do Instituto de Psiquiatria da Faculdade de Medicina da USP: "quando temos gratidão, o cérebro entende que está tudo bem, o que resulta em bem-estar", afirma.

Hábito

"A excelência moral advém do hábito. Tornamo-nos justos, praticando atos justos; moderados, praticando atos moderados; e valentes, praticando atos valentes."
ARISTÓTELES

No meu curso de mestrado na Columbia, fui exposto ao mais interessante estudo a que já assisti em toda minha vida. Queriam descobrir evidências de que a inteligência é somente fruto da genética ou se pode ser influenciada por hábitos.

Conclusão: a inteligência pode ser influenciada por bons hábitos.

Como pesquisaram e o que descobriram?

Tabularam tudo que se sabia sobre as 100 pessoas mais renomadas, inteligentes, sábias e astutas desde a Grécia Antiga até a atualidade e procuraram encontrar correlações que explicassem alguma similaridade de hábitos. Depois de muito trabalho, encontraram a resposta: o hábito de andar ao ar livre de dia e também à noite por pelo menos uma hora diariamente. Por que e como explicar essa influência?

Ao caminhar em ambiente aberto, sem teto, a mente se expande e fica mais criativa, e o hábito e a rotina fazem as pessoas gastarem menos energia na preocupação da sobrevivência. Poupando essas energias, elas acabam sendo desviadas para mais criatividade.

Einstein era famoso por suas caminhadas matinais de sua casa a seu escritório toda manhã.

O hábito gera rotina, que, por sua vez, aciona o sistema paranormal, e você consegue fazer as mesmas coisas com muito menos gasto de energia.

Honestidade

> "Infelizmente nós estamos ficando sem símbolos, estamos ficando sem referências de honestidade."
> **LEANDRO KARNAL**

Todo ser humano nasce e é honesto em princípio, até chegar o momento ou valor em razão do qual a desonestidade passa a compensar.

O que regra a honestidade de um povo são os valores internos de cada indivíduo e as penalidades impostas pela Justiça.

Outro estudo interessante a que fui exposto, numa aula a respeito desse tema no curso de mestrado, foi sobre um vídeo cujos personagens não sabiam que estavam sendo filmados. Tinha lhes sido sugerido que o ambiente era 100% seguro e inviolável, mas eles foram expostos a situações tentadoras.

Assistimos a um padre na tentação de abrir uma revista pornô. Depois de muita relutância, ele abre e seu olhar de satisfação é simplesmente imperdível. Somente transgrediu porque acreditava estar incógnito e impune.

Ou seja, a honestidade está muito sujeita às penalidades impostas e, quando é assegurada nenhuma penalidade, a ética e os princípios entram em ebulição – *vide* o exemplo da corrupção sistêmica das classes governantes em todos os países do mundo.

Humanidade

> "A humanidade inteira é dividida em quatro classes de pessoas: aquelas que são imutáveis, aquelas que não são imutáveis, aquelas que não são capazes de mudar e aquelas que mudam."
>
> **BENJAMIN FRANKLIN**

Eu poderia tecer vários comentários a respeito de humanidade, mas prefiro transcrever um texto de Christina Carvalho Pinto, que trata o tema com leveza e humor.

O NASCER DE UMA NOVA HUMANIDADE

Quando penso na impressionante enrascada em que nossa espécie se envolveu ao desconsiderar o destino de todas as outras, a sensação é muito parecida com a que minha irmã e eu tivemos na primeiríssima infância, quando, fascinadas com o lindo vestido de baile de nossa mãe, desfraldado sobre a cama com seus reflexos furta-cor, decidimos cortar um bom pedaço do tecido para fazer roupinhas de boneca. Só entendemos a extensão do que havíamos feito quando a vimos em prantos, sentada de penhoar à beira da cama, com meu pai desvestindo o black-tie e ambos frustrados porque, graças ao estrago, eles ficariam sem o baile, sem o sonho da dança romântica, sem toda a esperada alegria daquela noitada tão especial.

É isso, amigos: estamos conseguindo estragar a grande festa com que o Universo e sua expressão maior, a Vida, nos presentearam ao nos entregar este Planeta de luzes furta-cor, generoso na beleza e na abundância que ofereceu à nossa espécie e a todas as outras, nossas irmãs.

Olhamos hoje o amargo fruto do modelo que nós mesmos inventamos e alimentamos e, embasbacados, procuramos entender até que ponto fomos ou somos ainda inocentes, crianças tolas do mundo, feridas pela mesma tesoura com que cortamos o tecido da existência. Mas é possível, sim, tecer de novo a delicada teia que nos mantém vivos, teia da qual tão inadvertidamente nos desconectamos.

O papel dos líderes neste momento é o de liderar uma nova escrita da História. Um exercício que começa por resgatar algo que o mundo corporativo historicamente baniu de seu vocabulário: **sentimento**.

> Vá buscar o seu de volta. É prioridade. É pra já.
>
> Assim como são as emoções positivas que nos fazem viver, também são elas – e só elas – que poderão fazer de novo a Teia da Vida florescer (CARVALHO PINTO, 2020).

Imagem

> "A linguagem é fundamental. É ela – e só ela – que possibilita que falemos de nosso passado, projetemos nosso futuro, expressemos nossos pontos de vista. É pela linguagem que as pessoas nos conhecem, sabem o que pensamos. E, quer queiramos ou não, é pela linguagem que somos valorizados ou desvalorizados. Sim, enfatizamos: nossa linguagem é nossa imagem."
>
> **EDNA PERROTTI E VALÉRIA FRAGA**

A imagem corre na frente da pessoa. Quando você chega a um lugar, sua imagem já chegou antes. Cuide bem dela, porém não fique escravo do que os outros vão pensar ou falar de você. Seja sempre autêntico e coerente consigo mesmo, confie no seu potencial e na sua consciência limpa e irá longe. Antes ser um idiota para as pessoas do que infeliz para si mesmo.

O seu discurso jamais será convincente se você não acreditar nele. Todo ser humano carrega na testa um selo invisível da sua primeira impressão sobre os outros. Trate de postar um selo com mensagem positiva, e as portas se abrirão como num passe de mágica.

Lembre-se: sua linguagem não é só verbal. Ela é acompanhada quase sempre da não verbal. A esse propósito, veja o que escreveu Carlos Alberto Júlio. Apesar de ele falar sobre a comunicação com clientes, seu texto traz lições para se usar com qualquer interlocutor.

CUIDE DE SUA LINGUAGEM CORPORAL

Os bons comunicadores sabem que as expressões faciais, os gestos, o olhar e até a velocidade de movimentos podem ajudar ou prejudicar uma conversa ou uma apresentação.

Quando cruzamos os braços na frente do cliente, passamos, mesmo sem querer, uma impressão de defesa, estamos fechando o peito a ele, o que pode ser interpretado como uma atitude de alguém que está só esperando que ele termine de falar para ir embora, ou seja, pode passar a ideia de descaso ou impaciência. Por outro lado, quando sentados à mesa, se nos inclinamos à frente, apoiamos os braços sobre ela e olhamos para algum papel que ele nos mostra, nossa linguagem corporal demonstra atenção e interesse.

Ao contrário, se sentamos relaxadamente na cadeira, atirados para trás, quem nos vê de frente poderá, ainda que erroneamente, inter-

> pretar tal gesto como característico de alguém displicente com o assunto ou com a conversa.
>
> Apertar a mão do cliente com firmeza, mas sem esmagá-la, olhando para seus olhos significa proximidade sem intimidade. Por outro lado, abraços, tapinhas nas costas ou outros afagos podem ser mal-entendidos (JÚLIO, 2007, p. 63).

Mentira

"[...] a mentira é um vício maldito. Apenas pela palavra somos homens e nos ligamos uns aos outros. Se conhecêssemos o horror e o peso da mentira, iríamos persegui-la a fogo mais merecidamente que outros crimes."

MICHEL DE MONTAIGNE

A mentira deve ser classificada em três níveis:

- A mentira *perversa*: usada quando a pessoa tem má intenção, mente com o objetivo de levar vantagem.
- A mentira *social*: usada quando a pessoa quer aparentar mais do que realmente é e ter acesso a lugares ou pessoas que de outra forma não alcançaria.
- A mentirinha *agradável*: aquela que a pessoa usa para preservar o bom ambiente ou clima entre as pessoas sem agredir ou ofender.

Imagina um marido ter de dizer à esposa que não gostou do novo penteado que ela fez para o jantar comemorativo do aniversário de casamento! Ele não tem opção a não ser dizer que adorou o novo *look*!

Metas

> "Existem poucas coisas que nós desejaríamos de forma intensa se soubéssemos realmente o que queremos."
> **LA ROCHEFOUCAULD**

Melhor que sonhar, só mesmo realizar seus sonhos.
Não espere resultados diferentes se você faz tudo igual.
Não há vento favorável quando você não sabe o seu destino.
Não sabia que era impossível, foi lá e fez.

Suba o primeiro degrau com fé, depois o segundo também, e assim por diante, pois nem sempre é possível ver toda a escada. Apenas dê os primeiros passos, acredite em você: suba um degrau por vez e reveja as metas *pari passu*, de tempos em tempos, sem se comprometer com o impossível.

Se tiver alguma queda, não importa quão grande ela seja, se você se levantar e prosseguir, já será um vencedor.

Morte

"Com o passar dos anos, aceitamos com crescente docilidade a ideia da morte. Talvez por causa da sabedoria que acumulamos; ou, então, porque já provamos muitas das coisas desta vida, de modo que partir não parece mais tão doloroso."

FLÁVIO GIKOVATE

Ninguém falece na véspera. Quando chega a hora, aceite e se prepare para a próxima viagem. O Criador é tão perfeito que bolou uma partida para outra dimensão de forma muito suave, serena e tranquila. Posso afirmar por ter passado pelo início dessa viagem duas vezes, quando fui afrontado com a finitude, sendo em ambas delas interrompidas de forma inexplicável. Foi uma experiência sem transtornos ou sofrimentos.

Grande aprendizado: não tenha medo da morte. E saiba que, por mais que você tenha planos para sua vida, de repente tudo pode mudar. Diante da morte, somos todos iguais e insignificantes.

Para finalizar essa reflexão, transcrevo um texto de Andréia Souza.

QUANDO A GENTE VAI EMBORA

A GENTE VAI EMBORA e fica tudo aí; os planos a longo prazo e as tarefas de casa, as dívidas com o banco, as parcelas do carro novo que a gente comprou pra ter status.

A GENTE VAI EMBORA sem sequer guardar as comidas na geladeira; tudo apodrece e a roupa fica no varal.

A GENTE VAI EMBORA, se dissolve e some toda a importância que pensávamos que tínhamos; a vida continua, as pessoas superam e seguem suas rotinas normalmente.

A GENTE VAI EMBORA e as brigas, as grosserias e a impaciência serviram para nos afastar de quem nos trazia felicidade e amor.

A GENTE VAI EMBORA e todos os grandes problemas que achávamos que tínhamos se transformam em um imenso vazio, não existem problemas. Os problemas moram dentro de nós. As coisas têm a energia que colocamos nelas e exercem em nós a influência que permitimos.

A GENTE VAI EMBORA e o mundo continua caótico, como se a nossa presença ou ausência não fizesse a menor diferença. Na verdade, não faz. Somos pequenos, porém prepotentes. Vivemos nos esquecendo de que a morte anda sempre à espreita.

A GENTE VAI EMBORA, pois é. É bem assim: piscou, a vida se vai... O cachorro é doado e se apega aos novos donos. Os viúvos se casam novamente, fazem sexo, andam de mãos dadas e vão ao cinema.

A GENTE VAI EMBORA e somos rapidamente substituídos no cargo que ocupávamos na empresa. As coisas que sequer emprestávamos são doadas, algumas jogadas fora. Quando menos se espera, A GENTE VAI EMBORA.

Aliás, quem espera morrer? Se a gente esperasse pela morte, talvez a gente vivesse melhor. Talvez a gente colocasse nossa melhor roupa hoje, talvez a gente comesse a sobremesa antes do almoço. Talvez a gente esperasse menos dos outros.

Se a gente esperasse pela morte, talvez perdoasse mais, risse mais, saísse à tarde para ver o mar, talvez a gente quisesse mais tempo e menos dinheiro.

Quem sabe a gente entendesse que não vale a pena se entristecer com as coisas banais, ouvisse mais música e dançasse mesmo sem saber.

O tempo voa. A partir do momento que a gente nasce, começa a viagem veloz com destino ao fim – e ainda há aqueles que vivem com pressa! Sem se dar o presente de reparar que cada dia a mais é um dia a menos, porque A GENTE VAI EMBORA o tempo todo, aos poucos e um pouco mais a cada segundo que passa.

O QUE VOCÊ ESTÁ FAZENDO COM O POUCO TEMPO que lhe resta?

Que possamos ser cada dia melhores e que saibamos reconhecer o que realmente importa nessa passagem pela Terra!

Até porque A GENTE VAI EMBORA... (SOUZA, 2019).

Negociação

> "A regra para negociar é: ponha-se no lugar do outro;
> pois ele fará o mesmo em relação a você."
> **CHARLES DICKENS**

Só negocie quando você está por cima, nunca por baixo.

Use o tempo a seu favor, mude o jogo e faça o outro ceder pela pressa de resolver.

O silêncio é um argumento difícil de ser rebatido.

Nunca negocie nada enquanto o outro lado está imóvel, estático e inflexível. Aguarde-o se mover, mostrando flexibilidade, e só aí comece a negociar.

Networking

> "Formas de criar são trabalhar e fazer coisas de que se gosta,
> conhecer novos lugares e novas pessoas,
> formando uma rede social que, quando aplicada
> ao trabalho, recebe o nome de *networking*.
> A vida somente tem sentido assim:
> com novos conhecimentos,
> novos relacionamentos,
> novas formas de enxergá-la."
> **RUY LEAL**

O princípio da lei da energia diz que o que você dá recebe de volta de alguma forma, ou seja, energia positiva gera como contrapartida energia positiva, e energia negativa gera energia negativa. Por isso, monitore e controle sempre o tipo de energia que você está irradiando num ambiente.

Esse é o princípio básico para a construção de uma rede de *networking* eficaz. Sempre se atenha em servir antes de esperar algo em retorno, ou seja, sempre ajude antes de pedir ajuda.

Networking não é a rede de pessoas que você conhece. *Networking* é a rede de pessoas que conhecem você!

Oportunidade

> "No mundo existem os que choram e os que vendem lenços. Eu vendo lenços."
>
> **NIZAN GUANAES**

O cavalo laçado só aparece uma vez. As oportunidades sempre parecem maiores quando vão do que quando vêm.

Não devemos resistir às tentações: elas podem não voltar.

As coisas só acontecem quando as estrelas se alinham.

Alguns perguntam: por quê? Outros perguntam: por que não?

Perdão

> "Não julguem e vocês não serão julgados.
> Não condenem e não serão condenados.
> Perdoem e serão perdoados."
>
> **LUCAS 6:37**

Perdoar é um ato nobre e necessário para limpar uma dor interna que você tem, causada por um malfeito de terceiros. É como zerar um passivo que está atormentando você por dentro, e a melhor solução é virar a página, encarando uma vida nova pela frente e esquecendo essa energia negativa.

O verdadeiro perdão não se pede; se oferece. E isso corresponde a dizer que primeiro você precisa se perdoar, para então estender o seu perdão ao próximo. Somente quando essa consciência é alcançada é possível perdoar o outro.

Relações tóxicas

> "Prefiro um inimigo declarado a um bom amigo que me fere."
>
> **ARNAULT**

Nas relações interpessoais saudáveis, a comunicação é constante e clara, permite solucionar conflitos. Nos relacionamentos tóxicos, ela é hostil, desdenhosa, sarcástica e ácida. Trazer algum tipo de bullying com pouco diálogo e, muitas vezes, com total silêncio, pode gerar tensão e confusão psicológica e emocional.

Além disso, as pessoas que sofrem com essa situação geralmente têm uma comunicação não verbal ou psicossomática que demonstra que vivem para provar ao mundo que elas têm sempre a razão, que têm *status*, que são melhores que você. O que as encanta é ver você diminuído. Aqui só tem um remédio: não as confronte e se afaste sutilmente.

Pessoas negativas não enxergam soluções; elas se alimentam de problemas e cultivam o pessimismo.

Resiliência

"As grandes dores e frustrações que a vida nos impõe têm de ser superadas por meio da reflexão e da docilidade frente ao destino humano.[...] Viver bem é estar em paz, próximo do estado de equilíbrio em que não estamos sujeitos a nenhum grande desconforto. Eles ressurgem sempre e é aí que devemos tratar de resolvê-los o mais rápido possível."

FLÁVIO GIKOVATE

Resiliência é a capacidade de se recuperar de situações de crise e aprender com elas. É ter a mente flexível e o pensamento otimista, saber que tudo passa na vida. Mas, cuidado, existe uma enorme diferença entre resiliência e teimosia. Resiliência fortifica; teimosia mata.

Nada é difícil se dividido em pequenas partes.

Todas as coisas são difíceis antes de se tornarem fáceis.

Quando tudo parecer impossível, foque sempre na força que existe dentro de você, na sua alma, e a solução aparecerá quando você menos espera.

As dificuldades transformam e preparam as pessoas para ficarem mais fortes. Mas também há momentos na vida quando desistir é um ato de coragem.

De acordo com os preceitos do filósofo, escritor, poeta, ensaísta e líder budista Daisaku Ikeda, nascido em 1928, compreende-se que:

> A partir do momento que mudamos nossa maneira de visualizar a realidade, os obstáculos e os sofrimentos da nossa vida deixam de ser empecilhos e passam a ser oportunidades para o nosso desenvolvimento. Quando nos conscientizamos verdadeiramente disso, administramos nossa vida de forma diferente, e o passado deixa de ser o foco de nossas atenções, pois não temos como apagar as causas realizadas, e passamos a fazer causas positivas para superar as negativas. O presente torna-se nosso palco principal, pois, de acordo com o budismo, o que realizamos agora, neste exato momento, definirá todo nosso futuro. Ou seja, quanto mais estivermos conscientes desta rigorosa Lei de Causa e Efeito, nossas atitudes serão mais responsáveis, benevolentes e agiremos com o máximo respeito com a nossa vida e a dos demais. Consequentemente, nossas ações criarão causas para um futuro glorioso, livre do medo e da insegurança, e poderemos desfrutar uma felicidade indestrutível (BRASIL SEIKYO, 2001).

Sabedoria

"Se você quer acumular conhecimento, acumule algo todo dia; se quer acumular sabedoria, descarte algo todo dia."

ROBERT WONG

Sábio é aquele que aprende com todos. Conhecimento é o antídoto do medo e da insegurança.

Muitas vezes é melhor abrir mão da razão em prol da paz. Melhor ser feliz do que insistir em sempre estar certo.

O sorriso e o silêncio são duas poderosas ferramentas. O sorriso ajuda você a resolver muitos problemas; o silêncio, a evitá-los.

Pense grande e aja pequeno. Se errar, o custo sai barato.

Abra sua boca e sua carteira com cuidado.

Não tenha medo de dizer **não**.

O primeiro **não** é o mais barato.

Importante não é ganhar a batalha; o importante é ganhar a guerra.

Coisa malfeita tem de ser benfeita.

Sabedoria da água: ela nunca discute com seus obstáculos; simplesmente os contorna.

Saúde

"Por contraditório que pareça, excessos e abstinências são extremos que, bem dosados, compõem o equilíbrio do corpo e da mente. Oscilação é uma coisa, desequilíbrio é outra bem diferente. É bom não confundir. Se bebi todas numa noite, se entrei firme numa feijoada e no torresmo, oscilo para o outro lado com uns dias de comidinha leve, saladinha curativa e sucos naturais. Assim vou me equilibrando, pronto para o próximo saudável excesso."

FRANCISCO AZEVEDO

O corpo humano é uma máquina dinâmica, um verdadeiro laboratório, no qual continuamente acontecem transformações químicas. O *input* é a alimentação sólida mais a líquida, e o *output* é o consumo de energia mais resíduos. Então, a arte é sempre equilibrar a entrada e a saída, assim o corpo se mantém estável. É mais saudável ingerir e consumir quatro mil calorias por dia do que ingerir três mil calorias e consumir apenas 2.500.

O corpo humano adora hábitos e rotinas, que aumentam a eficiência e a produtividade do sistema digestório. Dica: perca diariamente, de segunda a sexta-feira, o equivalente ao que vai exagerar no sábado e no domingo e terá, no fim de semana, mantido o peso e ao mesmo tempo desfrutado também daquela picanha, do vinho especial ou da sobremesa gulosa. (Sugestão: menos 50 g por dia de segunda a sexta-feira e mais 250 g no fim de semana).

Coma como um rei no café da manhã, moderadamente no almoço e o menos possível no jantar. Simples assim.

Beba muita água, de preferência sem gás e morna, e não espere a sede chegar.

Os oito melhores remédios do mundo são:

1. Luz do sol: produz vitamina D.
2. Sono restaurador: dormir e acordar cedo.
3. Exercício diário, sem exageros.
4. Dieta natural equilibrada e suplementação acompanhada com muita água natural em temperatura ambiente.
5. Atitude positiva perante a vida.
6. Autoestima.
7. Paz de espírito.
8. Amigos.

Idoso não é a idade, é o corpo. Basta cuidar bem dele agora e você se manterá saudável e jovem.

Serenidade

Sempre admirei as pessoas que conseguem manter a serenidade diante das dificuldades que enfrenta, sejam grandes, sejam pequenas. Às vezes, pode ser mesmo muito difícil ficar sereno, mas desesperar-se não vai trazer solução para o problema.

Se seu filho de três anos chuta a bola e espatifa a televisão que você acabou de comprar e tem dez parcelas pela frente a pagar, o melhor é manter a serenidade para, primeiro, ver se ele não se machucou, apaziguá-lo, porque ele deve estar assustado, e só depois pensar no prejuízo.

A esse propósito, diz Divaldo Pereira Franco:

Quando se adquire a consciência asserenada, enfrenta-se toda e qualquer situação com equilíbrio, nunca se permitindo desestruturar. As ocorrências, as pessoas e os fenômenos existenciais são considerados nos seus verdadeiros níveis de importância, não se tornando motivo de aflição, por piores que se apresentem. [...]

A serenidade não é quietação exterior, indiferença, mas plenitude da ação, destituída de ansiedade ou de receio, de pressa ou de insegurança (FRANCO; DE ÂNGELIS, 2013).

Sonhos

"Não é verdade que as pessoas param de perseguir os sonhos porque envelhecem, elas envelhecem porque param de perseguir os sonhos."
GABRIEL GARCÍA MÁRQUEZ

Sonhar é a principal força motora do ser humano. A diferença entre o idoso e o velho é que o idoso sonha, e o velho parou de sonhar, só vive do passado.

Sonhar não paga impostos; então, entre ter um pequeno e um grande sonho, é melhor sonhar grande!

Nunca vá dormir sem ter uma meta ou um significado para sua vida. Nós somos do tamanho de nossos sonhos.

Essa deve ser a sua prioridade. Muito mais do que se preocupar com o que as pessoas possam pensar de você.

A propósito, reproduzo um texto postado no perfil @vidaegratidao, no Instagram.

> Deixe o sonhador que existe dentro de você livre. Não importa o que outras pessoas tenham falado sobre os seus sonhos. Sua vida pode ser exatamente tudo o que você imaginou quando era criança. Não duvide da sua capacidade e da sua força. Escolha escutar sua intuição e deixe que as portas das possibilidades se abram na sua vida. Aja no momento certo e não pare até concretizar. O Universo está com você e sempre estará. Confie no desejo que seu coração emana. Que Deus o abençoe (@vidaegratidao).

Sucesso

> "A disciplina é a parte mais importante do sucesso."
> **TRUMAN CAPOTE**

O equilíbrio, a calma, a persistência e a tranquilidade são o segredo do sucesso na vida.

Algumas pessoas sonham com o sucesso, outras levantam cedo e ralam para alcançá-lo. Sucesso é sonhar à noite e trabalhar de dia.

Conhecimento é o antídoto do medo.

Prometa pouco e entregue bastante.

Cerque-se de quem tem iniciativa e "acabativa".

Sucesso não é ser melhor que os outros, sucesso é ser a melhor versão de você mesmo.

(In)sucesso

> "Esteja sempre pensando como você pode fazer melhor."
> ELON MUSK

Qual a diferença entre fracasso e insucesso?

Fracasso é ser teimoso, forçar a mesma estratégia e aguardar resultados diferentes, só terminando quando exauriram todos os recursos.

Insucesso é reconhecer o erro, aprender com ele, terminar antes de extinguir todos os recursos e começar de novo com uma nova estratégia.

Gente positiva é a que cai, levanta, sacode a poeira, sorri para a vida e diz: lá vou eu de novo!

Tempo

> "Descobri que penso sempre, e atendo sempre, a duas coisas no mesmo tempo. Todos, suponho, serão um pouco assim. Há certas expressões tão vagas que só depois, porque nos lembramos delas, sabemos que as tivemos; dessas impressões, creio, se formará uma parte – a parte interna, talvez – da dupla atenção de todos os homens."
> FERNANDO PESSOA

Nada é para sempre neste mundo, nem mesmo os nossos problemas. Saber esperar é uma virtude. Faça do tempo seu aliado. Quando você aprende a respeitar o tempo, a vida passa a ter um sabor todo especial.

O tempo é igual para todos, mas cada um tem o poder de decidir o que fazer com ele. O importante é sempre fazermos nossa parte para que as coisas aconteçam no seu devido tempo. O tempo perdido jamais será recuperado. Viva intensamente cada minuto, pois o tempo passa a ser um recurso limitado após a fase adulta.

Quando as coisas perdem o sentido, mantenha a calma e deixe o tempo passar. Na devida hora você vai entender o quê e o porquê do que se passou, e dar a correta dimensão à situação exposta.

Não fique preso ao passado, a vida continua. Faça do tempo que está por vir o melhor de sua vida.

Verdade

"O conhecimento é de muitas espécies: o que os sentidos informam, o que a mente vê, o que o coração concebe e o que a intuição sabe. Qualquer destes, ou todos eles, são para o homem, conforme o seu temperamento, avenidas que o conduzem à Verdade. Não somos todos iguais, e o valor do mundo e de seus acontecimentos varia para cada um de nós de acordo com o que buscamos na vida. Conforme seja a estrutura da mente e a estrutura do coração de um homem, assim será a sua visão da vida. [...] Se o que a mente viu é uma visão da Verdade e não uma ilusão, a visão cresce diariamente, revelando horizontes sempre maiores. Poderão surgir dúvidas umas após outras, mas um milhão delas não pode anular uma verdade."

C. JINARAJADASA

Em princípio, somente deveria existir uma única verdade, baseada em fatos. Mas aprende-se que, na Justiça, acaba sempre prevalecendo aquele lado que tem a narrativa mais convincente na apresentação das provas, independentemente de elas corresponderem ou não à realidade dos acontecimentos.

Com o advento das fake news e da polarização da sociedade, surgiu uma nova visão sobre a verdade. Agora se aceita como politicamente correto "a minha verdade contra a sua verdade", ou seja, a verdade deixa de ser absoluta, não está mais atrelada somente aos fatos, mas sim aos fatos e ao olhar de quem os julga.

A coisa está ficando tão difusa que hoje em dia vale mais a versão do que os fatos, principalmente em temas como política e economia.

UNIVERSO

C. JINARAJADASA

"Do mesmo modo que não vemos matéria sem força, nenhuma força que não afete à matéria, assim também existe uma relação análoga entre a vida e a matéria. Ambas são inseparáveis, sem que qualquer uma delas seja produto da outra.
Há no Universo tipos de matéria mais sutis que a conhecida por nossos sentidos, e que permanecem refratários aos nossos instrumentos mais delicados. Numerosas formas de energia existem também, das quais apenas umas poucas são conhecidas do homem. Dá-se o nome de Vida a uma de tais formas de energia, que age de comum acordo com certos tipos de matéria hiperfísica. Esta vida evolui, isto é, torna-se, lentamente, cada vez mais complexa em suas manifestações."

NESTA PARTE DO LIVRO, vou discorrer sobre um novo e diferente tópico.

Em vez de focar no ser humano, vou agora focar o Universo – do qual, é evidente, o ser humano faz parte – e compartilhar três observações que filosofei nestes últimos tempos, nas minhas caminhadas em bosques e ao longo do mar em praias extensas, desertas e isoladas, em contato com a Mãe Natureza.

O início

Segundo a teoria do Big Bang (Grande Expansão), o Universo teria sua origem há 14 bilhões de anos, a partir de uma grande explosão.

Essa explosão teve como início uma singularidade, um único átomo (átomo primordial) infinitamente denso e muito quente, que concentrou muita energia, explodiu e deu origem ao Universo. O Universo em expansão foi confirmado por Edwin Hubble (1889-1953): galáxias mais distantes se afastam em uma velocidade maior do que as mais próximas. Assim, o Big Bang teria dado início ao espaço-tempo do modo como o conhecemos, impossibilitando a existência de um momento anterior.

Inconformado com essa explicação, eu sempre me perguntei: *Ok, se o Universo teve início com o Big Bang, então o que existia antes desse início?*

Pelo que entendi dos experts no tema, a resposta é simplesmente a mesma: NADA.

Porém, de tempos em tempos, me despertava a curiosidade de pensar qual seria a alternativa ao nada e aguardava a oportunidade certa para ouvir outra explicação mais convincente. Usando meu aprendizado de conectar os pontos, surge de repente a minha experiência pessoal de falecer e minha alma sair do corpo, e eu, com a plena consciência de tudo que estava ocorrendo, entrei em uma espécie de túnel, indo em direção a uma luz que me magnetizava: provavelmente era o portal de uma nova dimensão. Mas fui repentinamente interrompido, pelo fato de os médicos conseguirem me ressuscitar após 10 minutos de parada cardíaca e respiratória.

Então, eu, com formação de engenheiro, sempre me pergunto: que força foi essa que conseguiu interromper minha ascensão, fazer minha alma parar e, não só isso, retroceder e retornar ao meu corpo?

Para mim, isso somente confirma que o Universo é muito mais complexo do que imaginamos e que existem forças e conceitos inacessíveis para o nosso atual nível de conhecimento. Forças capazes de fazer movimentos completamente desconhecidos pelo ser humano, cujos efeitos poderiam ter influência sobre o desenvolvimento de outros universos possíveis, por meio de um processo seletivo cosmológico que permitisse que nosso Universo surgisse a partir de outro muito similar.

Assim, nosso Universo poderia ser parte de um multiverso constituído de inúmeros outros, que se afastam, se expandem, se chocam e recomeçam.

Nesse cenário, o efeito gravitacional dos corpos atuaria como uma força contrária à expansão. Em algum momento, a força gravitacional se tornaria maior que a energia gerada pela explosão, dando origem ao processo inverso, o de retração. Dessa forma, a retração do Universo culminaria no oposto ao Big Bang, o "Big Crunch" (Grande Colapso). Esse processo encadearia uma nova singularidade e um novo Big Bang.

Essa oscilação pode ter ocorrido inúmeras vezes, induzindo que o Universo não teve início, mas, sim, sempre existiu dentro de um movimento pendular, ora em expansão, ora em contração.

Simplesmente uma teoria como qualquer outra, sem nenhum fundamento científico, baseada em um raciocínio empírico, que me conforta mais do que dizer que não havia *nada* antes do Big Bang. Coloco aqui para justamente provocar no leitor a pergunta: por que não?[3]

A evolução

Há quatro bilhões de anos nascia o planeta Terra, o qual viveu um bom período somente na fase mineral, que é sobreposta por outra fase, chamada vegetal.

Pergunta: você, como passageiro e observador de uma nave espacial hipotética, sobrevoando a fase mineral da Terra, teria condições de prever a próxima fase, a vegetal, até mesmo com um novo paradigma chamado Vida, conceito esse que nem existia até a data?

Claro que não.

E, depois, novamente como observador externo, você teria a capacidade de prever essa fase vegetal sendo sobreposta por uma terceira fase, agora chamada fase animal, com um novo paradigma denominado movimento?

---

[3] Se o leitor se interessar por esse assunto e por novas provocações, sugiro consultar a reportagem *A descoberta que pode desencadear 'maior revolução na Física desde as teorias de Einstein*, no link: https://www.ovnihoje.com/2022/04/09/a-descoberta-que-pode-desencadear-maior-revolucao-na-fisica-desde-as-teorias-de-einstein/

A resposta só poderia ser: *claro que não*.

Essa fase animal seria sobreposta por uma quarta fase, a humana, com um novo paradigma chamado de inteligência racional?

Novamente a resposta só poderia ser: *claro que não*.

Então eu lhe pergunto: o que esperar da quinta fase? Será que ela vem alguma hora ou o Universo já está completo e encerrado sem possibilidades de nova evolução após essa quarta fase?

Eu, pessoalmente, duvido que encerramos as transformações. Acredito que algo completamente inovador e diferente, um dia, nos próximos milhões de anos, deverá ocorrer na Terra, por meio de um novo paradigma completamente não previsto nem imaginado. E essa nova transformação poderia conviver e se sobrepor à raça humana ou substituí-la. Por que não?

A perfeição

Além da evolução, existe a perfeição da natureza, que se revela quando se observam os detalhes dos detalhes.

Por exemplo, a densidade do gelo é 10% menor do que a da água líquida, detalhe pouco comentado, mas, se não fosse ele, com certeza não haveria vida animal ou humana na Terra.

Como assim? O que o detalhe da densidade do gelo tem a ver com a vida humana?

Se o gelo tivesse a mesma densidade da água, o fundo de todos os mares seria congelado, pelo raro contato com a luz solar, e aos poucos congelariam praticamente todos os oceanos, reduzindo violentamente a evaporação e, consequentemente, a formação de nuvens em níveis drásticos. Nesse caso, interromperia o ciclo das águas desde os picos das montanhas, além de definhar os os rios, que correm de volta aos mares.

Pergunta: quem bolou esse detalhe da expansão do gelo? Foi o acaso ou seria obra de um arquiteto-mor chamado Criador ou Deus?

Deixo ao leitor responder a essa pergunta e finalizo as reflexões e as provocações que formulei ao longo do livro.

A seguir, apenas registro algumas frases que me inspiraram e ainda me inspiram, sempre nesse processo de preparação para o que vem pela frente.

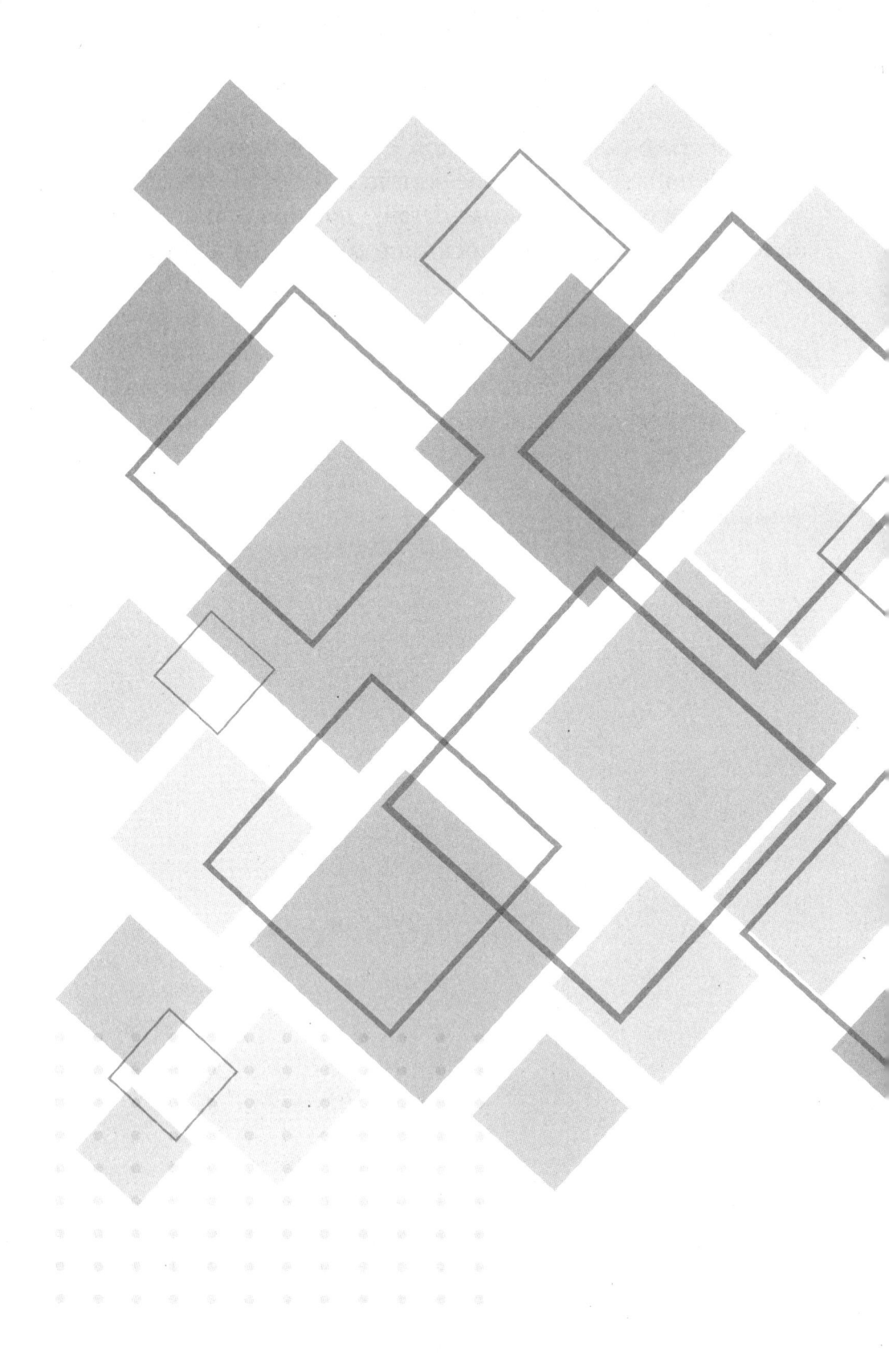

Frases inspiradoras

ALÉM DAS QUE JÁ UTILIZEI ao longo do livro, acrescento citações de autores que aprecio e considero muito inteligentes ou contributivas para a vida das pessoas em geral, na expectativa de que sejam inspiradoras para você também.

> Não corrija um tolo, que ele vai te odiar; corrija um sábio, e ele vai te dizer obrigado.
> Os idiotas vão tomar conta do mundo: não pela capacidade, mas pela quantidade. Eles são muitos.
> É difícil libertar os tolos das amarras que eles veneram.
> — **VOLTAIRE**

> Onde pessoas sábias dialogam, opiniões diferentes não geram conflitos, geram novas ideias.
> — **THEODORO NIEMEYER**

> Vivemos tempos sombrios, em que as piores pessoas perderam o medo e as melhores perderam a esperança.
> — **HANNAH ARENDT**

> O pensamento negativo gera energia negativa, que se transforma em doença.
>
> **DRAUZIO VARELLA**

> Faça o bem aos poucos e o mal, todo de uma só vez.
>
> **MAQUIAVEL**

> Enquanto um homem vive, ele tem a seus pés todo tipo de escolha que deseja. Até mesmo a de acreditar em Deus ou não, sem que nada de mal lhe aconteça.
>
> Mas, depois que a vida passa, dando lugar a uma nova caminhada, seu direito de escolha termina, e ele terá de usufruir do resultado de suas escolhas corretas e sofrer pelas escolhas erradas.
>
> **CESAR ROMÃO**

> Suas crenças não fazem de você uma pessoa melhor. Suas atitudes fazem.
>
> A adversidade não só constrói, mas também revela o seu caráter.
>
> **RAV SANY**

> Você não aprende a andar seguindo regras; você aprende fazendo e caindo.
>
> **RICHARD BRANSON**

> O consenso é a negação da liderança.
>
> **MARGARETH THATCHER**

> It is not death that a man should fear, but he should fear never beginning to live.
>
> **MARCUS AURELIUS**

> – All human wisdom is summed up in two words, – wait and hope.
>
> **ALEXANDRE DUMAS**

> Vai, menino, e cresce com valor; esse é o caminho da imortalidade.
>
> **VIRGÍLIO**

> Quando mudamos o interno, o externo se transforma. Tenho como legado atingir o máximo de pessoas para fazerem a viagem mais incrível que é pra dentro de si e resgatar a sua essência e encontrar a autocura. Quando a pessoa se abre para o processo da autocura, consequentemente ela terá uma vida mais plena em todas as áreas.
>
> **JOVITE LINCK**

> O mundo em que vivemos e o meu mundo interno são ambos entidades complexas, impossíveis de serem descritos por fórmulas simples, ou, de fato, por qualquer conjunto de palavras que eu pudesse redigir ao longo da vida.
>
> **KENNET ARROW**

> A melhor arma é ficar fora do alcance. Não seja alvo, seja flecha.
>
> **MARÍLIA LIMA**

> Reaja com inteligência mesmo quando for tratado com ignorância.
>
> **LAO-TSÉ**

> Quem critica os demais indiretamente louva a si próprio.
> **THOMAS BROWNE**

> Tudo o que você diz fala de você. Principalmente quando fala do outro.
> **PAUL VALERY**

> O sonho representa a realização de um desejo.
> **FREUD**

> A dúvida é o início da sabedoria.
> **ARISTÓTELES**

> Aquele que não sabe aproveitar a sorte quando ela vem não deve se queixar quando ela passa.
> **MIGUEL DE CERVANTES**

> A medida do amor é amar sem medida.
>
> SANTO AGOSTINHO

> ## A VIDA SEGUNDO GANDHI
>
> Qual é o dia mais bonito? – HOJE.
> A coisa mais fácil? – ERRAR.
> O maior obstáculo? – O MEDO.
> O maior erro? – DEIXAR DE ACREDITAR.
> A razão de todos os males? – O EGOÍSMO.
> A maior derrota? – A RENÚNCIA.
> O melhor professor? – UMA CRIANÇA.
> O maior mistério? – A MORTE.
> O pior defeito? – O MAU HUMOR.
> A pessoa mais perigosa? – O MENTIROSO.
> O pior sentimento? – A INVEJA.
> O dom mais bonito? – O PERDÃO.
> O mais essencial? – UM LUGAR PRA CHAMAR DE CASA.
> A maior emoção? – A PAZ INTERIOR.
> O dom mais eficaz? – O OTIMISMO.
> A maior satisfação? – O DEVER CUMPRIDO.
> A força mais potente? – O AMOR.

PALAVRAS FINAIS

Reservei estas palavras finais para falar DAQUELE que acredito ser o Criador do Universo. Admito que não é fácil falar de Deus, bem como sentir a presença DELE, mas eu tive o privilégio de ter essa experiência na cama da UTI, sofrendo de colossal falta de ar, causada pelo entupimento da minha traqueia devido à sujeira, convencido de que havia chegado a minha hora de partir.

Sozinho, sem poder contar com a ajuda de ninguém, em vez de reclamar, agradeci por ter tido uma vida intensa, longa, amada e realizadora. Com este meu agradecimento, consegui me conectar e estabelecer um diálogo com Ele e senti, verdadeiramente, que fui escutado. Foi um momento muito especial e deve ser único na vida de qualquer pessoa que também consegue vivenciar essa experiência.

O fato de eu ter sobrevivido a uma crise superintensa de falta de ar, com taquicardia acima do limite do possível, me induz a acreditar que aconteceu um verdadeiro milagre no meu caso. Por meio da dor e da dificuldade, aprendi a desenvolver um lado espiritual da vida que estava simplesmente adormecido dentro de mim.

A vida oferece ilimitadas opções, e esse aprendizado de ter chegado ao limite da finitude despertou em mim o lado Divino Transformador do ser humano, ajudou-me numa melhor compreensão do Universo e, uma vez tendo tido a experiência da transformação do meu corpo em espírito, passei a me perguntar:

> Somos seres humanos tendo experiências espirituais
> ou somos espíritos tendo experiências humanas?

Tenho a minha resposta, mas deixo a você, leitor, a possibilidade de pensar na sua. E mais: se apreciou esta leitura e considera que ela de fato pode ajudar pessoas menos privilegiadas, vou sugerir a formação de uma corrente do bem. Adquira algumas unidades físicas e dê de presente a pessoas menos favorecidas, mormente jovens com brilho nos olhos. Por exemplo: os colaboradores do seu ambiente profissional; os fornecedores, como os entregadores de aplicativo; o garçom que o atendeu bem; o frentista do posto de gasolina; a cabeleireira e a manicure; seu professor e seus colegas na academia e outros. Enfim, representantes jovens da geração que está formando o futuro do Brasil. Assim, vamos juntos ajudá-los a refletir sobre suas vidas e facilitar que explorem seu potencial da maneira mais assertiva possível.

Se preferir, leia a versão digital e comente com seus amigos pessoalmente ou nas redes sociais. Quem sabe, levando o maior número de jovens a refletir sobre o que pode vir pela frente em suas vidas, possamos, juntos, ajudá-los a confiar em suas potencialidades, a ter atitudes mais assertivas e, dessa forma, pouco a pouco, reduzir a desigualdade social do nosso país. Todos juntos, numa corrente do bem, visando ao desenvolvimento de mentes que pensam e refletem, podemos tornar o Brasil melhor!

Encerro este livro com a esperança de ter compartilhado conhecimento e sabedoria, de ter cumprido o objetivo inicial, que era servir de mentor para a jornada de vida de muitas pessoas, entre elas meus quatro netos e muitos outros jovens que estarão formando o futuro de nosso país.

Se quiser enviar uma mensagem, um feedback ou perguntas a mim, por favor, sinta-se à vontade.

Meu e-mail: contato@ovaltable.com.br.

Um grande abraço e meu sincero desejo de que todos tenham uma jornada compensadora, de que algumas ideias ou conceitos aqui expostos sirvam, de fato, para engrandecer sua passagem pela vida. Como disse Mário Quintana:

> Não faças da tua vida um rascunho.
> Poderás não ter tempo de passá-la a limpo.

Carinhosamente,

GEORGE NIEMEYER

REFERÊNCIAS

A DESCOBERTA que pode desencadear maior revolução na Física desde as teorias de Einstein. *Ovni Hoje*. [s. l]. 9 abr. 2022. Disponível em: < https://www.ovnihoje.com/2022/04/09/a-descoberta-que-pode-desencadear-maior-revolucao-na-fisica-desde-as-teorias-de-einstein/>. Acesso em: 14 abr. 2022.

AIDAR, Laura. Saber Viver: poema falsamente atribuído a Cora Coralina. *Cultura Genial*, [s. l.], Disponível em: <https://www.culturagenial.com/saber-viver-poema-cora-coralina-comentado/>. Acesso em: 28 fev. 2022.

AZEVEDO, Francisco. *O arroz de Palma*. Rio de Janeiro: Record, 2015.

BANDEIRA, Manuel. *Antologia poética*. Rio de Janeiro: José Olympio Editora, 1978.

BLUM, Norma. Por que sou apaixonada por minha idade. In: PERROTTI, Edna Maria Barian; MARIN, Elisabete Garcez (orgs.). *Amo minha idade*. São Paulo: Oficina do Livro, 2020.

BOFF, Leonardo. *A águia e a galinha*. Petrópolis: Vozes, 2002.

BOFF, Leonardo. *Espiritualidade:* um caminho de transformação. Rio de Janeiro: Sextante, 2006.

CARVALHO PINTO, Christina. O nascer de uma nova humanidade. *Hollun*, [s. l.], jun. 2020. Disponível em: <https://www.hollun.com.br/post/o-nascer-de-uma-nova-humanidade>. Acesso em: 4 mar. 2022.

CERBASI, Gustavo. *Dinheiro*: os segredos de quem tem. São Paulo: Sextante, 2016.

CHOPRA, Deepak. *Vida incondicional.* Como controlar as forças que moldam a realidade pessoal. São Paulo: Best Seller, 2009.

DUAILIBI, Roberto; PECHLIVANIS, Marina. *Duailibi essencial:* minidicionário com mais de 4.500 frases essenciais. Rio de Janeiro: Elsevier, 2006.

ÉPOCA Negócios. Frases marcantes de Gabriel Garcia Márquez. [s. l.], 2014. Disponível em: <https://epocanegocios.globo.com/Inspiracao/Vida/noticia/2014/04/frases-marcantes-de-gabriel-garcia-marques.html>. Acesso em: 17 jan. 2022.

FELIX, Rosana. Içami Tiba: é com amor e com rigor que se ensina. *Gazeta do Povo*, Curitiba, 2015. Disponível em: <https://www.gazetadopovo.com.br/vida-e-cidadania/icami-tiba-e-com-amor-e-com-rigor-que-se-ensina-dd3nirkkol7vrk3z2ftzu8gk4/>. Acesso em: 3 jan. 2022.

FERNANDES, Márcia. *A magia da Compaixão, por Dalai-Lama.* [s. l.], 2015. Disponível em: <https://www.marciafernandes.com.br/site/a-magia-da-compaixao-por-dalai-lama/>. Acesso em: 31 jan. 2022.

FRANCO, Divaldo Pereira; DE ÂNGELIS, Joanna. *Momentos de saúde e de consciência.* São Paulo: Leal, 2013.

FREITAS, Sergio Antunes de. *Meus amigos.* Disponível em: https://www.pensador.com/autor/sergio_antunes_de_freitas/. Acesso em: 4 fev. 2022.

GALANTE, Helena. Seu propósito pode estar bem embaixo do seu nariz. *Revista Veja*, São Paulo, dez. 2021. Disponível em: <https://vejasp.abril.com.br/coluna/felicidade/seu-proposito-pode-estar-bem-embaixo-do-seu-nariz/>. Acesso em: 2 fev. 2022.

GIANNETTI, Eduardo. *O livro das citações*. São Paulo: Companhia das Letras, 2008.

GIKOVATE, Flávio. *Superdicas para viver bem e ser mais feliz*. São Paulo: Saraiva, 2006.

IKEDA, Daisaku. Causa e efeito: A lei mais rigorosa da vida. *Guia Prático do Budismo*. Disponível em: https://bartracco.blogspot.com/2009/05/lei-de-causa-e-efeito-4.html. Acesso em: 5 jan. 2022.

JINARAJADASA, C. *Fundamentos de teosofia*. São Paulo: Pensamento, 1998.

JÚLIO, Carlos Alberto. *Superdicas para vender e negociar bem*. São Paulo: Saraiva, 2007.

LABORATÓRIO de Educação. Como a alimentação impacta o desenvolvimento infantil. [s. l.], jan. 2020. Disponível em: <https://labedu.org.br/como-a--alimentacao-impacta-no-desenvolvimento-infantil/>. Acesso em: 19 jan. 2022.

LEAL, Ruy. *Superdicas para empreender seu próprio negócio*. São Paulo: Saraiva, 2008.

LUFT, Lya. *Perdas e ganhos*. Rio de Janeiro/São Paulo: Record, 2017.

PERROTTI, Edna Maria Barian. *Superdicas para escrever diferentes tipos de textos*. São Paulo: Saraiva, 2017.

PERROTTI, Edna Maria Barian; FRAGA, Valéria. *Você na era [+] digital – com uma redação [+] eficaz e [+] interativa*. São Paulo: Madras, 2020.

PERROTTI, Edna Maria Barian; MARIN, Elisabete Garcez. *Amo minha idade*. São Paulo: Oficina do Livro, 2017.

PESSOA, Fernando. *Livro do desassossego*. São Paulo: Brasiliense, 1986.

RODRIGUES, Ed. Garoto dá banho em vira-latas para ajudá-los a serem adotados no RS. *Ecoa*, Recife, 2022. Disponível em: <https://www.uol.com.br/ecoa/ultimas-noticias/2022/01/03/garoto-da-banho-em-de-caes-de-rua-para-ajuda-los-a-serem-adotados-no-rs.htm>. Acesso em: 3 jan. 2022.

SOUZA, Andréia. Quando a gente vai embora. *Espaço do Cuidar*, [s. l.], 2019. Disponível em: <https://www.espacodocuidar.com.br/a-gente-vai-embora-e-fica-tudo-ai/>. Acesso em: 3 jan. 2022.

VAZ, Juliana. Método em código aberto. *Ecoa*, [s. l.], ago. 2021. Disponível em: <https://www.uol.com.br/ecoa/reportagens-especiais/trabalho-causadores---edu-lyra/ #page3>. Acesso em: 28 fev. 2022.

WEBER, Concita. Deixem-me envelhecer. *Pensador*, [s. l.], 2014. Disponível em: <pensador.com/frase/MjA2NjUwNw/>. Acesso em 30 nov. 2021.

WILLIANS, Mark; PENMAN, Danny. *Atenção plena – mindfulness:* como encontrar a paz em um mundo frenético. Rio de Janeiro: Sextante, 2015.

grupo novo século

Compartilhando propósitos e conectando pessoas
Visite nosso site e fique por dentro dos nossos lançamentos:
www.gruponovoseculo.com.br

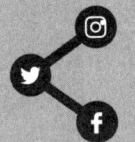

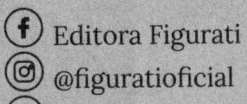

Editora Figurati
@figuratioficial
@EditoraFigurati

gruponovoseculo.com.br

Edição: 1ª
Fonte: Lora